# はじめに

JN017631

体育の指導は難しい？

体育（以降，運動領域のこととする）の指導は「わかりにくい」「難しい」という話をよく聞きます。そこには，他教科と異なるいくつかの理由があるかと思います。主なものとして次の3点が考えられます。

1つ目として，身近なところに，確実で，わかりやすい情報源がないことがあげられます。体育はいわゆる検定教科書がなく，それに準じた指導書もありませんから，指導内容や指導方法がわかりにくいことがあげられます。小学校の場合，他教科はすべて検定教科書や指導書がありますから，それに基づいて学習を展開していくことで学習指導要領の内容を網羅できます。しかし，体育の運動領域は，指導内容を自分で確認し，指導方法についても学ばなければ，自分が知っている方法やかつて自分が小学生のときに受けた授業展開で進めてしまうこともあると聞きます。

2つ目として，広い空間において，子どもたちがかかわりながら，そして動きながら学習する教科であることがあげられます。教室でみんなが座って授業を展開できるのであれば，移動の時間もかかりませんし，そこに伴うトラブルもありません。また準備もすぐにできます。体育では，移動・集合・準備・片づけといったマネジメントが合理的にできる必要があります。

3つ目として，子どもの「できる」「できない」が明確になってしまう点があげられます。これは子どもにとってはできないことを隠せないだけでなく，教師にとってはそれを解決するための知識と指導技術をもちあわせているか否かが明確になってしまうことでもあります。誰に，いつ，どのように言葉かけをしたらよいのか，迷いも多いことでしょう。

本書では，こうした課題に対し，具体的な授業づくりがイメージできるよう構成しています。また，大切なことは繰り返し説明しています。類似の内容がある場合は重要なポイントだと認識してください。

白旗　和也

# 目次

## 2日目　指導案をつくってみよう②

## 3日目　授業の進め方のポイントを知ろう①

## 4日目　授業の進め方のポイントを知ろう②

## 5日目　授業の進め方のポイントを知ろう③

## 6日目　授業中の教師の役割について考えよう

## 7日目　評価の仕方を知ろう

おわりに

参考文献

# 1章

## 体育について
## はじめに知っておきたいこと

## 体育は何を目指す教科なのか

### 苦手を強みに

　「名選手は必ずしも名監督にあらず」という言葉がありますね。もちろん，名選手だった人が名指導者になっている場合もあります。しかし，このようにいわれるゆえんは何でしょうか。おそらく「プレーすることと指導することは同じではない」。つまり，それぞれ別の技術や知識が必要であるということです。

　あるプレーを簡単にできてしまう人からすると，それができない人について「なぜそんなことができないの？」と思うかもしれませんが，指導者となると「なぜ，それができないのか」が重要な指導上の課題になります。指導する対象は「これからできるようになっていく人」ですから。できるようになっていく過程を支援するわけです。「はじめから体が動いてできてしまう人よりも，できないけれど練習してできるようになっていく人の方が指導者としての力を発揮しやすい」はずです。もっとつけ加えると，自分がそれほど運動を得意としていなくても，指導する内容を理解し，理にかなった指導方法を生かせば，ある程度よい指導はできるのです。

　実際に体育の授業を参観すると，運動が苦手だったという先生でもすばらしい授業をされる方は大勢います。むしろ，自分が運動は得意でなかったことが強みになっているのです。指導のプロは，得意な子どもを伸ばすこともありますが，学校教育ではそれ以上に，苦手な子どもを伸ばすことが重要です。そうした苦手な子どもの気持ちや動きの状況に心を寄せることができる

のは，むしろ強みなのです。あとは，指導内容と指導方法がわかればよいわけです。それがわからないんだという先生のために，本書ではできるだけ具体的に授業づくりについてお伝えしたいと思います。

## 体育の指導について自信をつけるために

　少し堅い話になりますが，私は教師効力感をキーワードに研究をしています。教師効力感とは Bandura（1977）の自己効力感（self-efficacy）「自分は，一定の結果が生じる行為を遂行できるという本人の信念あるいは期待感」を教師教育の分野に応用・発展させたもので「子どもの学習や発達に対して肯定的な効果をもたらす教育的行為をとることができるという教師の信念」（Ashton, 1985）と定義されています。

　その中で体育の指導には特有の難しさがあることを研究を通して再確認しました。私は体育指導の教師効力感を「体育指導効力感」と名づけています。また，私が2012年に小学校教員約1万8千人を対象とした調査研究をした結果，体育の指導について勉強したいと思っても，体育に関する研修は体育の指導を学んでいる教師が対象であったり，体育指導に苦手意識があると体育研究部などには進んで参加しにくい状況であったりすることがわかりました。

　これまでの研究で，体育指導に関する自信（体育指導効力感）は，いくつかに大別されることがわかってきました。その中の1つに「体育の基礎的な知識を身につけている」という効力感（自信）があります。

　具体的には，指導内容や教材の知識を整理して指導できることや，活動時間を確保するために合理的なマネジメントを行うことができることなど，まず，体育の授業を成立させる基礎的な情報をもっている自信があることだと考えられます。

　これをある程度押さえた上で，次に重要なのが「体育授業の状況に応じた指導ができる」効力感（自信）です。これは，実際の授業に際して子どもが前時の学習がわかっていないときに，次時にわかるように授業を工夫するこ

とができることや，そのために子どもの実態に応じて用具を工夫したり，課題を修正したりすることができるなど，自己がもっている知識を実践に即して，個に応じて活用できる効力感といってもよいかと思います。ある程度経験値が必要な効力感ではありますが，正しい基礎的な知識を有していれば，必ずこのような力量も身についていきます。

## ■ 体育は何を目指す教科なのか

　一流のスポーツ選手は人々を感動させます。人間業とは思えないようなアクロバットな技を次々披露する体操選手。アッと驚く風のようなスピードで駆け抜ける陸上短距離選手。華麗なフェイントで相手ディフェンスを抜き去って，ゴールに突き刺さるシュートを放つサッカー選手。いずれも鍛え抜かれた技術に支えられた卓越した技が人々を魅了します。言葉抜きですばらしいのですが，これは一部の人のなせる業です。

　スポーツはこれだけではないのです。スポーツといえば，かつては競技スポーツの意味合いが強かったのですが，現在ではもっと広い意味で使われています。例えば余暇にテニスをすることも，健康のためにジョギングをすることも，いやウォーキングだってスポーツの一部です。

　その人が選んだ運動（スポーツ）と，その人がかかわりたい方法で，末永くつきあっていけることが大切です。競技力を高めてある大会で「優勝を目指す」という人も，「男女で長く同じスポーツを楽しみたい」のでテニスを続けていくという人も，「無理せず，体を動かすことを毎日継続したい」のでウォーキングを楽しもうという人も，それぞれよいわけです。これを「豊かなスポーツライフ」と呼びます。この豊かなスポーツライフを築くためには何が大切でしょうか。

　そうですね……。まずは運動を好きになること。少なくとも嫌いにならないことです。そして，もう1つは，動ける体を育むことだと考えます。動ける体といっても，鍛えることではないことは理解していただけるでしょう。

小学校では特に，運動を好きになることと動ける体は一体と考えるとよいですね。「運動が好きだから，体を動かしたくなる」授業をつくっていきたいものです。そう考えると，それほど難しく考える必要はありません。高い技術を教えられることだけが，よい体育教師というわけではないのです。

## では，子どもにとっては何を学ぶ教科なのか

運動を好きになるためには何が必要でしょうか。各運動の魅力や他の運動との違いを「特性」といいます。この特性は，運動の楽しさと深い結びつきがあります。例えば，子どもに器械運動の楽しさを聞いてみると「技ができたとき」といった答えが返ってくるでしょう。ボール運動の楽しさを聞けば「試合に勝ったとき」「得点できたとき」といった回答が予想されます。そうです，これらは，その運動のもつ楽しさであり，子どものなりたい自分の姿なのです。

ここでも示したように技能に関することが一番にあがります。先ほど「高い技術を教えられることだけが，よい体育教師というわけではない」と書きましたが，技術指導ができなくてよいといっているわけではありません。やはり子どもたちは，技能を身につけることで体育を肯定的に捉えるようになります。しかし，心配はいりません。小学校の体育で求められている技能は決して高度なものではなく，内容が限られているのです。

例えば，「小学校学習指導要領解説 体育編」に示されている高学年の陸上運動の走り高跳びの技能はたったの3つです。「5～7歩程度のリズミカルな助走をすること」「上体を起こして力強く踏み切ること」「はさみ跳びで，足から着地すること」これだけです。走り高跳びの専門的な技能はありますが，小学校高学年で押さえたい技能はこれだけなのです。

どうですか？　これならできそうではありませんか。子どもたちはそうした基礎的な技能を身につけながら，「知識」を獲得していきます。

体育の楽しさはこれだけではありません。子どもたちからは「友達と一緒

にがんばれた」「自分が考えた方法で練習したら，できるようになった」などの声も聞きます。前者は協力・公正などの学びに向かう力・人間性等（従前の学習指導要領では「態度」），後者は思考力・判断力・表現力等にあたります。特に体育では，ルールを守らなければ危険ですし，協力し合わなければ，何かを成し得ません。そもそも，自分の動きは自分で見れません。友達に見てもらってこそ，自分の動きがわかりますし，それによって自分の課題も明確になります。それで技ができれば，喜びも2倍，3倍になります。

ゲームで勝敗を競えば，結果に不平を言ったり，もめたりすることもあります。ですから「勝敗を受け入れること」をしっかり学び，不平を言うのではなく，次に向けて自己を高める学びに変えることが教育なのです。

他教科では，学びに向かう力・人間性等において，目標は示されていますが，具体的な内容が示されていません。ですが，体育では具体的な指導内容（子どもからすると学習内容）が示されているのです。体育は，技能を身につけたからよいのではなく，その過程において，意欲，協力，公正，責任，安全に関することなどの学びに向かう力・人間性等や「どのように身につけるか」といった学び方ともいえる思考力・判断力・表現力等もとても重要なのです。

そうした楽しさを演出するために，ここでは2つだけとりあげておきます。1つ目は，子どもにとって，課題性のある運動が設定されているかが重要だということです。課題性があるというのは，45分がんばればできそうな課題かどうかです。その子にとって難しすぎる課題であれば，「きっと無理だろう」と感じてしまいますし，逆に易しすぎても「がんばることがない」状況になります。ですから，全員一律の課題では無理ですね。その子の実態に合った課題設定がよくないと，主体的（意欲的）に取り組む学習になりません。また，課題が抽象的すぎて具体的に何をがんばったらよいかわからないという状況は，子どもの意欲を低下させます。2つ目は，教師がよい事例をとりあげて紹介したり，価値づけたりしていくことです。子どもたちが「そうか，そうすればいいのか」「なるほど，ぼくもやってみよう」と納得できたとき

に，知識に変化し，次の学習に「活用」していけるのです。

このように「知識及び技能」「思考力・判断力・表現力等」「学びに向かう力・人間性等」を関連させながら確実に身につけることで，「体育における見方・考え方」が育っていきます。

## 体育の指導内容は

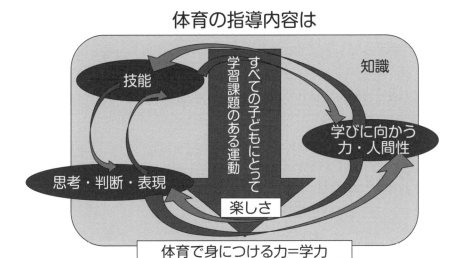

体育で身につける力＝学力

## 学習指導要領が目指すことと体育

学習指導要領は，「予測困難な時代に，一人一人が未来の創り手となる」ことをテーマに改訂が行われました。少子化・高齢化社会への対応やsociety5.0以降の時代に向けてたしかな資質・能力を育成していかなければなりません。いつの時代も，未来には未知な部分がありますから不安はつきものですが，子どもたち一人ひとりが，予測できない社会に対して受け身になるのではなく，むしろ主体的に捉え，人やものと進んでかかわり合い，その中で，自己のよさや可能性を発揮し，よりよい未来の創り手となる力を身につけられるようにすることが必要です。

そこで学習指導要領では，「生きる力」の育成の明確化により，育成を目

指す資質・能力として以下の３点をあげています。

①「何を理解しているか，何ができるか（生きて働く「知識・技能」の習得）」

②「理解していること・できることをどう使うか（未知の状況にも対応できる「思考力・判断力・表現力等」の育成）」

③「どのように社会・世界と関わり，よりよい人生を送るか（学びを人生や社会に生かそうとする「学びに向かう力・人間性等」の涵養）」

　ただし，資質・能力（コンピテンシー）が大切だからといって，これまでの指導内容（コンテンツ）が必要ないというわけではなく，むしろ，指導内容をしっかり身につけることが重要です。未知の状況であるほど，自力が必要になります。それらを身につけていく過程と，身につけた内容を活用する場面において，資質・能力が大きく育ちます。

　ここまでは，教育課程全体を通して育成すべきものですので，その中で体育科について考えていきたいと思います。

　体育科の運動領域においては，「運動の楽しさや喜びを味わうための基礎的・基本的な『知識・技能』，『思考力・判断力・表現力等』，『学びに向かう力・人間性等』の育成を重視する」という観点が示されています。

　ここで大切なのは，３つの関係性です。これらは，いずれも運動とよいかかわりをしていくために重要な内容ですが，教科としての特性が明確に表れるのが「知識・技能」です。体育でも同様です。そもそも，体育の学習をして，技能が身につかなかったら，教科としての存在意義が問われます。しかし，高い技能を求めるということではないことは，これまでも確認しました。

　子どもたちが楽しめるだけの技能は保障してあげましょうということです。これを授業にあてはめると「知識や技能を身につけたい」と思えるように運動との出会いを演出することが大切です。そして，それを身につけていく過程で「かかわりや協力」「思考・判断し，表現する」場面が生まれます。そして，身につけた「知識や技能」を活用すると，さらに「かかわりや協力」や「思考・判断し，表現する」場面が生まれ，達成できると有能感（自信）

につながり，さらに深めたいという循環が成立していきます。まさに「運動の楽しさや喜び」を味わいながら，学習を深めていくのです。

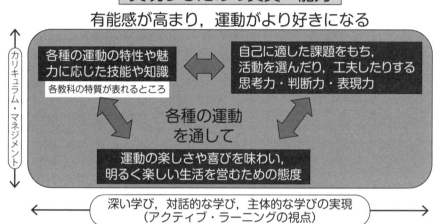

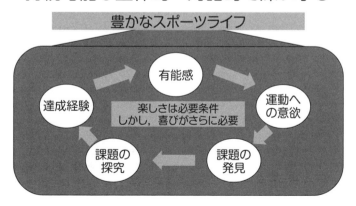

## 主体的・対話的で深い学びと体育の授業づくり

　教育活動すべてにおいて，主体的・対話的で深い学びの実現を目指すことが求められています。体育科におけるよい授業では，「子どもの課題解決的な学習」が展開されており，主体的・対話的で深い学びがなされていると感じています。体育では，これまでもこうした学びを重視してきた経緯があるからです。

　体育科の究極的な目標は，前述しているように生涯にわたって心身の健康を保持増進し，豊かなスポーツライフを実現するための資質・能力を育成することにあります。豊かなスポーツライフは，個人によって異なるものですから，自己に応じた「主体的・対話的で深い学び」ができるようにする必要があります。本来，この３つの学びの過程は，順序性や階層性を示すものではなく，完全に切り離すこともできないのですが，便宜的に分けて考えてみたいと思います。

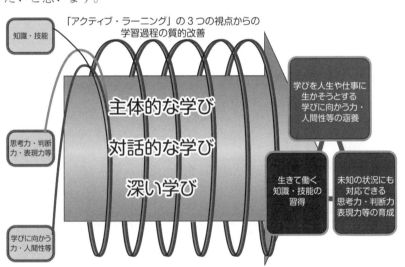

出典：「幼稚園，小学校，中学校，高等学校及び特別支援学校の
　　　　学習指導要領等の改善及び必要な方策等について（答申）補足資料」

小学校学習指導要領解説　体育編には，主体的な学びについて，次のように示されています。

---

　運動の楽しさや健康の意義等に気付き，運動や健康についての興味や関心を高め，課題の解決に向けて自ら粘り強く取り組み，考察するとともに学習を振り返り，課題を修正したり新たな課題を設定したりするなどの主体的な学びを促すこと。

---

　「主体的な学び」を充実させるためには，課題のもち方が鍵を握ります。体育科の場合，技能の獲得が課題の中心になるため，合理性を求めるあまり，教師主導で課題を決定しがちです。しかし，子どもが課題の解決に向けて自ら粘り強く取り組み，考察するなど，主体的（意欲的）に学ぶためには，子どもが自分に合った「解決したい課題」を見つけることからはじまるべきでしょう。技能は個人差が大きいので，自分に合っていない課題では，意欲もわかず，自分に期待ももてませんから，粘り強く課題に取り組むことは困難です。ですから，授業でのねらいは共通で示しても，各自が取り組む課題は同じものではなく，子ども一人ひとりにとって「課題性のある」ものでなければなりません。これは，子どもの意欲に根ざしている，つまり「解決したい課題」であり「がんばればできそうな課題」であることです。

　教師としては，とりあげる運動の楽しさや魅力が子どもに伝わるように運動の特性を大切にした教材研究をするとともに，まず誰もができるところからはじめて，「これならできそう」という有能感（自信）をもてるようにすることが大切です。そこから「もっとうまくなりたい」「勝てるようになりたい」という思いがふくらむよう，導入段階の学習（運動との出会い）に留意したいものです。

　次に，教師は子どもの意欲を大切にしながら，対話的で深い学びに誘います。体育における対話的な学びは次のように示されています。

> 運動や健康についての課題の解決に向けて，児童が他者（書物等を含む）との対話を通して，自己の思考を広げたり深めたりするなどの対話的な学びを促すこと。

　対話的な学びも運動を通して学ぶ教科独特の配慮が必要です。体育はかかわりながら学ぶことがどの教科よりも必要ですから，対話的な学びがうまく機能するかは学習成果にも大きく影響します。

　まず，多くの子どもは動くことが好きですが，動きっぱなしでは対話ができません。もちろん動きの中でも対話は生まれますが，じっくり協働的に，課題解決するための対話には，話し合いの機会の設定が必要です。そして，話す機会をつくればよいのではなく，「対話したい状況になること」と「何を話し合うのかを明確にすること」が大切です。対話的な学びは，「課題の解決に向けて」の話し合いですから。

　ここでも運動技能の差による体育科特有の難しさが存在します。教え合うためには，友達の動きを見て，「もっと足をこうした方がいいよ」と助言する必要があります。友達の動きの実態を観察し，そこから課題を見出し，さらにどうあるべきかを分析，解釈して，友達にわかるように表現しなければなりません。

　動きが一瞬である上，上手にできない子どもが，自分より上手な子どもに「教える」のは極めて困難です。これを解消しないと対話ははずみません。そこで，「教え合い」ではなく，まずは「伝え合う」ことからはじめるとよいでしょう。動きの事実を伝えることならば，自己の技能は関係ありません。誰が見ても結論は同じですから。例えば，マットの中央にビニールテープでラインを1本引いておくと，まっすぐに回れたかどうかの事実を誰もが認識することができますね。その事実を伝えてあげることならば，マット運動が苦手な子どもでも可能です。ここからはじめてみてはいかがでしょう。

　次は深い学びについてです。

学びの過程を通して，自己の運動や健康についての課題を見付け，解決に向けて試行錯誤を重ねながら，思考を深め，よりよく解決するなどの深い学びを促すこと。

　深い学びは総合的な言い回しであるため，ますます切り分けられませんが，あえてキーワードをあげると「課題を見付ける」「試行錯誤を重ねる」「よりよく解決する」になるでしょう。「自分の状況に合った課題を見つけ，解決に向けて試行錯誤を重ねながら，思考を深め，よりよく解決する学びの過程」です。子どもが試行錯誤できるようにするためには，自己の課題を解決するための場が用意されていること，解決するための情報があること，試行錯誤する時間が保障されていることなどが必要です。

　解決する場については，教師があらかじめ用意するのは当然ですが，子どもの欲求に合わせて，可変できる必要があります。また，解決するための情報としては，動きのポイントやコツ，よい攻撃の仕方，補助の仕方，動きの見方などが子どもにとって必要です。

　時間の保障については，失敗しても工夫してやり直せる時間がなければ，答えありきの学習になってしまいますが，すべてが試行錯誤では時間がたりませんから，試行錯誤する重点を決めておく必要があります。理想をいえば，体育は教科書がなく，比較的柔軟にカリキュラムを組むことが可能であることを生かし，2年間を見通しての計画を立てられるとむだがなくなりますね。そして，課題を解決できた学び方を他の運動でも活用していくことで体育に関する見方・考え方も育成されていきます。

　また，課題が解決できて，自己の高まりを感じることが，有能感を高めるとともにその学びが次の学びへの意欲につながることにもなります。そのためにも，「よりよく解決できる」ことが外せません。よりよくというのには，合理性だけでなく，自分の解決のプロセスがわかることや子ども自身が納得できる解決という意味も含まれています。

この深い学びを演出するための教師の役割について補足します。運動とのよい出会いについては先にふれました。そのことにより、この「自分がなりたい姿（解決したい課題）」を描くことが大切です。自己の課題が明確にならないと向かう方向が決まりませんから。そこから学びを深めていくためには、課題解決をしていく必要があります。「なりたい自分の姿」と「今の自分の状況（できばえ）」の違いを認識することが必要になります。その2つのギャップを埋めていく過程が課題解決の学習になります。

　次に「そのために何がどのようにできればよいのか」という技能に関する課題を認識することで、はじめて練習方法が決定します。教師の役割としては、子どもが何をどのように取り組めばよいのかを具体化できるようにしていくことです。

　ここまで、体育の授業づくりについて書いてきましたが、より具体的に理解できるように、授業づくりの手立てに沿って解説していきたいと思います。

## ┃ よい体育授業とは

　高橋（2010）は「よい授業は目標が達成され、学習成果が十分上がっている」と述べています。学習成果とは何でしょうか。学習内容がしっかり身につくということですね。学習内容（指導内容）については、小学校学習指導要領解説　体育編に書かれていることを先にも述べましたが、問題はどのような授業をするかですよね。やはり、よい授業には共通点があるのです。まず、まねしていくことからはじめてはどうでしょうか。

　高橋は、よい授業に共通する要素を研究により導き出しています。例えば、「よい授業は学習目標が明確になっている。しかも、○○○をしようといった学級の共通目標だけでなく、個別の目標も明確になっている」のです。個別の「課題」と言ってもよいかもしれませんが、何のためにその運動をするのかが明確になっていなければ、バスケットボールをしたことだけしか残りませんね。休み時間ならば、それが楽しければそれでよいのですが、教科学

習ですから，学ぶこと，身につけることがあるわけです。それを学級全体でも，個人でも認識していることがよい授業の前提ということです。

　さらに，子どもの学びと教師の指導性については，①「マネジメント場面を縮小することで学習従事行動時間の増加をすること」，②「学習課題を理解しやすくするために，視覚を伴う課題提示がされていたり，理解を深めるために意図的な発問をしたりすること」，③「適切な課題の設定と成功頻度を高めるために個別の指導をすること」などがあげられています。

　①は準備・片づけや移動などの時間を短縮することによって，学習内容を身につける時間をしっかり確保することです。至極当然のことです。そのために，役割分担を明確にしたり，集合のルールを決めたりするとよいですね。はじめの段階では子ども任せの準備は，かなり時間がかかってしまいます。自分が何をしたらよいのかわからないからです。慣れるまでは，誰が，何を，どこへ運ぶのかを明確にしておきます。

　②についてですが，運動は言葉で説明されてもイメージが共有されにくいものです。動きを見てはじめてイメージが共有されます。また，発問されることで子どもは自分の考えをまとめることになります。教師に説明されるとわかった気持ちになりますが，説明することによって，自分がわかっているのか否かが明確になります。

　③ももっともなことですが，意外にも授業を見ると子どもが取り組んでいる課題と本来取り組むべき課題のミスマッチが見られます。器械運動で，ある練習に取り組んでいてもあまり効果が上がっていないとしたら，違う練習の場をすすめることは効果があるでしょう。また，教師はすべての子どもに声をかけたいと思っていると思いますが，重点的に課題のある子どもに時間をかけた方が効果は上がるのです。信頼関係も深まります。

　どうですか。それほどよい授業を重く考えずに，これくらいならば，意識していけばできそうではないですか。

　よい授業を考える上でヒントになるのが，小学校学習指導要領の体育における高学年の知識及び技能の内容を示している(1)の次の一文です。

> 次の運動の楽しさや喜びを味わい，その行い方を理解するとともに，
> その技を身に付けること。
>
> （下線：筆者）

　ここに示されているのは知識及び技能ですから，後半の「その行い方を理解するとともに，その技能を身に付けること」の内容を示しています。しかし，注目すべきは，前半部分「次の運動の楽しさや喜びを味わい」の部分です。ここに，体育は知識や技能を身につければよいというわけではなく，「豊かなスポーツライフ」を目指す上では「楽しさや喜びが欠かせない」ことが示されています。

　つまり，知識や技能を身につけたことが次の学習への意欲につながるようにしたいのです。そのためには，その運動の特性（魅力）にふれながら楽しさを感じるとともに，「勝てた」「技ができた」「タイムが速くなった」などの成就感や達成感などの「喜び」を味わえる学習が求められます。

　また，このような学習を展開する過程において上達するために思考する場面が生まれたり，かかわりによって支え合う態度が育ったりします。

## ■ 子どもが意欲をもてる体育授業

　教師が授業中に行う活動は大きく分けて４つあるといわれています。
①教師が中心となって行う指導や指示などのインストラクション
②移動，準備，片づけなど，授業を管理するためのマネジメント
③子どもの活動を観察するモニタリング
④子どもに発問したり，助言したりするなどのインターアクション

　これらの活動を通じて，子どもが運動を好きになり，意欲的に運動にかかわれるようにしたいですね。人が物事にチャレンジしようとするためには，「自分にもできそうだという有能感があること」「失敗しても励ましてもらえたり，助けてもらえたりするという関係性が成立していること」，そして，

「何をがんばるのかその目標や活動がはっきりしていること」が条件である
といわれます。もちろん，これらのための手立ては様々あろうかと思います
が，①・②については，「よい体育授業とは」で述べている通りです。ここ
では，さらに前項での「適切な課題の設定と成功頻度を高めるために個別の
指導をすること」に関連した教師の役割についてふれておきたいと思います。

　子どもでなくとも，人が自己認知する場合には，自分以外からの自己に関
する情報が重要になります。それらの情報を総合的に判断して，次の活動を
自己決定していきます。ですから，授業中に情報が得られないことは「学び
の停滞」を起こします。授業では，友達からの言葉かけや資料などがそれに
あたりますが，中でも強く影響するのが，教師の言葉です。子どもたちは，
教師の言葉を大きな手がかりにしています。これも，原則を知れば，それほ
ど難しいものではありません。教師としては，まずほめ上手になることを一
番にあげたいと思います。はじめは，「いいね」「がんばっているね」といっ
た一般的な称賛でもかまいません。できれば，具体的に，そして名前を呼ん
でほめます。具体的に称賛するためには，子どもの姿をしっかりと観察する
必要があります。つまり③をしっかりすることになりますね。そして，少し
でも子どもの姿からその高まりに気づいたら，どんどん称賛していきます。
これは，④の一部でもあります。

　「名前を呼び」「具体的に何がよいのかを称賛する」ことが増加すると，子
どもは，「自分もできる」という有能感が高まると同時に先生は自分を見て
いてくれると感じますので，信頼関係も深まります。

　しかし，称賛だけではすまないこともあります。その場合，うまくできて
いない動きに対して，矯正的助言が必要になります。「もっと〇〇してごら
ん」「〇〇してみると，こうできるよ」といったことなのですが，この〇〇
について，悩む方も多いことと思います。気の利いたことを言ってあげない
と，と思われるかもしれませんが，技能については，学習指導要領解説につ
いてのところで述べましたが，ほんの3〜4つ程度の技能しかありません。
その中から選択し，的を絞って繰り返し，助言した方が子どもにはわかりや

すいでしょう。

　また，うまくできた子どもには，「何に気をつけたのか」「どんな練習をしたのか」などの発問で聞き出しましょう。言葉にすることで，感覚から知識に変わります。このことは，思考・判断し，表現する学びにつながります。

　子どもが有能感を高めるために，「できる」とともに大切なのが「わかる」ことです。教師はとかく「言葉」で知識を確認しようとしてしまいます。例えば「開脚前転が上手な人は誰かな？」と発問すると「△△くんは膝が伸びていて上手でした」と発言する子どもがいます。これで「そうですね」とまとめてしまうと，実はほとんど正しい情報が伝わっていません。膝が伸びているというイメージは人それぞれだからです。そこで確認しておきたいのは，運動については「理解の３段階が重要」であるということです。

　「言葉＝頭」での理解を第１段階とすると，第２段階は「目」での理解です。つまり，見てイメージ化できることです。「△△くん，やってみて」とみんなの前で開脚前転を見せると，マットの外までしっかり足を開いて膝が伸びている状態を確認できるでしょう。「あっ，そうか。あれくらい足を開くのか」と理解が深まります。そして，第３段階は「体」での理解です。実際にやってみるのです。「じゃあ，みんなも△△くんのように足を大きく開いてやってみよう」と促すと「本当だ。足を大きく開いたらしっかり立てた」などの声があがるでしょう。いつもというわけにはいかないでしょうが，ここ一番では理解の３段階を試してください。

## ■「体育の授業をつくる」もう１つのもの

　体育は開かれた空間で子ども同士がチームやグループを組み，体を動かして学びを深めていきます。宇土（2000）は，体育の授業づくりでの，学習集団の重要性について述べており，このことが他教科以上に学習成果に大きく影響します。単に仲良しということではなく，学びを高めるためのよいかかわりができる集団でなければなりません。ときには意見が対立することもあ

るでしょうが，そのときには，黙して語らずではなく，自分の意見を出し合える集団でなければなりません。また，仲間が失敗したときには，それを責めるのではなく，次への肯定的な課題として捉えることができる必要があります。また，運動はルールに則って行いますから，それをしっかり守ること，そして，みんながやりにくいルールであれば，それをよりよいものに変えていく集団であることも大切です。こうした関係性は，体育の授業だけで育むのは難しいです。普段からそうした集団（学級）を育てる意識がないとよい体育の授業はできないでしょう。高橋（2010）によれば，これらは体育授業の基礎的条件であり，それがしっかり育っていないと，いくら体育の指導に関する内容（内容的条件）を充実させたところで，よい授業は難しいと述べています。おそらく，みなさんも同様に感じているのではないでしょうか。逆に見れば，体育の授業が学級経営にも影響するということです。

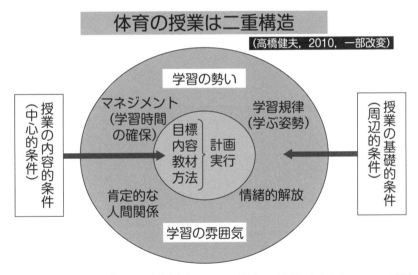

では，この先は具体的な事例を用いて，体育の授業づくりについて考えていきましょう。

# 2章

## 7日間で完成！
## 体育指導の基礎基本

## 指導案をつくってみよう①

# 体育の指導案とは

☐指導案作成と授業づくりの関係について学ぶ
☐指導案の必要性について理解する
☐指導案は授業の道筋を示す地図の役割であることを理解する

## 教科書のない体育でのよりどころ＝学習指導案

　この本を読まれているみなさんは，体育の指導案を1年間に何回書かれるでしょうか？　単元名からはじまり，指導観や教材観，子どもの実態，指導と評価の計画（単元計画），本時の展開といった，まとまりのある体育科の学習指導案（細案）については，年間に1回程度，または数年に1回程度の作成にとどまっている方も多いかもしれません。小学校の先生方は，基本的に全教科を担当しますので，体育主任になったり，体育研究部に所属したりしなければ，なかなかそういった機会をもてない状況にあるのではないでしょうか。また，学力向上の観点から，校内研修の教科を国語や算数等に設定する学校も多く見られ，体育を研究教科にする学校が少ないといったことも影響しているかもしれません。

　しかし，そういった状況にもかかわらず，日々の教育活動は実践され，日常的に体育の授業は行われています。ともすると，日常の教育活動の忙しさに流され，「次の体育の授業は，準備運動をした後はゲームをさせておこう」「子どもたちが楽しく活動していればいいや」といったような，安易な考えに陥りがちではないでしょうか？

体育には，教科書がありませんので，他教科のように授業の道筋を示すような指導書もありません。副読本の活用も考えられますが，学校によって子どもの実態や施設・用具，年間指導計画上の取扱い時間数についても違いがありますので，副読本は参考にできても，基本的には教師が自分で授業の進め方を考えなければなりません。

　その際に，子どもに何を身につけさせたいか（目標），どんな流れで授業を展開していくか（単元計画・時案），準備物や場の設定はどうするのか，といったことについて想定できなければ，その場をやりすごすだけの行き当たりばったりの授業になってしまいます。少しでも，子どもに体育授業を通して運動することの楽しさや喜びを味わわせようとするならば，身につけさせたい内容を明確にし，意図をもって指導の手立てを講じる必要があります。そのための道筋を明らかにし，授業のよりどころとなるのが「学習指導案」といえるでしょう。

先生方が，校内研修や研究授業を通して，または日々の授業を通して，一度でも体育の指導案（細案）を書く経験をされると，授業の構想から授業の準備，授業における教師の手立てなど，様々なことを考え，体育授業と向き合うとてもよい機会となります。また，1つの領域（運動種目）について指導案を書くことで，他の領域（運動種目）にも汎用することができ，その後の体育授業を行う上でも大いに役立つことでしょう。さらに，日々行う体育授業の進め方についてもイメージをもつことができ，計画的で意図をもった指導にもつながっていきます。

## 体育は工夫できる教科

　さて，みなさんは，体育の授業をどのように捉えているでしょうか？「授業の準備が大変」「自分自身が，運動が苦手だったから，体育の授業で指導するのも苦手」といったようにネガティブな考えをもってしまっていないでしょうか？　体育は，教科書がないから難しいと考える先生方もおられますが，反対に考えれば，それだけ子どもや学校の実態に合わせて工夫できる教科であるといえます。自分のアイデアを生かし，子どもの笑顔を引き出せる，やりがいのある教科であるといったポジティブな考え方が大切です。そして，指導案を作成しながら自分のクラスの子どもの姿をイメージし，授業の工夫を考えることで，先生方の指導の幅が広がっていくことでしょう。

## 指導案は目標達成のための地図の役割

　体育の指導案は，体育授業を行う上で，指導目標を達成するための道筋を示す地図の役割であるといってよいでしょう。それは，登山に例えるとわかりやすいかもしれません。
　まず，ある山に登頂しようという目標を立てたとしましょう。そうすると，どういった装備が必要か，どういったルートで登っていこうか考え，インタ

ーネットで調べたり，観光ガイドを読んだりしながら様々な準備をすると思います。低い山であれば，行き当たりばったりで，やや冒険的な登山も考えられるかもしれませんが，ある程度の高さの山であれば，突然の天気の変化に見舞われたり，道に迷って思ったより時間がかかってしまったりして，途中で断念するということにもなりかねません。また，登頂に何日もかかるのであれば，１日にどの程度まで歩みを進めようかと考えるはずです。体力，食事，就寝する場所などの様々な点からその日の歩みを決めていくことになります。

　体育の授業もこれに似ていると考えます。例えば，ゴール型ゲームの単元を行う際には，「単元終了後には子どもにこういう姿になってほしい」という到達目標を決めることになります。到達目標は，学習指導要領解説をガイドブックとし，子どもの実態と照らし合わせながら設定することになります。その上で，どういった教材を扱えばよいのか，それに伴ってどういった準備をすればよいのか，教師のかかわり方はどのようにすればよいのかを考え，準備をすることが必要になります。

　また，単元の中の１時間ごとについても，何を目標とし，何を中心として学ばせ，どのような力を身につけさせたいのかを明確にする必要があります。また，そのための準備も必要になってきます。

## 子どもの実態を把握した手立てを

　達成しようとする目標は同じでも，そこへ到達するための手立ては，人によってまちまちです。登山でいえば，登頂するための登山ルートがいくつかあり，それを本人が考えて選んで登るといったことと似ています。ある人は，体力的に難しいから，最短ルートを選択するかもしれません。ある人は，名所を巡りたいし，体力的にも自信があるので，遠回りするルートを選択するかもしれません。どういったルートを選ぶかは，その人の興味・関心，体力，準備状況によって変わってくると考えられます。

これは，体育授業でも同様で，子どもをある一定の目標に到達させるために，どのルート（手立て）をとるかは，それぞれの教師の手にゆだねられています。

　そのときに重要なのは，子どもの実態をよく把握することです。子どもの興味・関心はどこにあるのか，体力や技能はどの程度なのか，運動を苦手としていたり運動に意欲的でなかったりする子どもがどれくらいいるのか，といった様々な子どもの実態を把握して，手立てを考えていく必要があります。

　特に，学習指導要領解説に示された，「運動（遊び）が苦手な児童への配慮の例」「運動（遊び）に意欲的でない児童への配慮の例」を参考にしながら，自分のクラスの子どもを思い浮かべ，どうすれば苦手意識をもたずに，意欲的に取り組めるようになるかを考えることがとても重要になります。

ただ，子どもの実態を十分考慮した体育授業においても，運動が苦手な子どもへの手立てが効果的でなかった，扱う教材が易しすぎて子どもが飽きてしまったなどの事象が出てくるかもしれません。その他にも，子ども同士のもめごとが起こり授業を中断せざるを得なかった，ここまではできると予想していたのにそこまで技能が身につかなかったなど，計画通りにいかないことが様々出てくるでしょう。

　これは，登山でいえば，ここまで進みたいと計画を立てていても，急な天候の変化や疲れなどから，その日の目標としていた距離を歩くことができず，計画していた場所まで到達できないといったことと似ています。そこで，日程やルートの変更などを検討することになるわけです。

　体育授業においても，計画通りにいかない場合は，その都度，修正を行い，手立てやかかわり方を変えていかなければなりません。どんなに経験豊富な先生方でも，すべて計画通りにいく授業というのは，そうそうありません。だからこそ，授業づくりはおもしろいといえるのかもしれません。ただし，指導案を作成し授業の道筋を描いているからこそ，その後の軌道修正も容易にできるのです。指導案という指針があってこそ，目標に近づけることができるのです。

　道に迷うことなく，クラス全員で登頂できるようにするためにも，指導案という地図を構成して，授業を計画的に進めていきましょう。

# 指導案をつくってみよう①

## 何を指導したらよいのか

□3つの柱に整理された指導内容について理解する
□知識と技能の内容について理解する
□ゲームのボール操作とボールを持たないときの動きの違いを理解する

　「何を指導したらよいのか」，それは，学習指導要領と解説で確認する必要があります。新しい学習指導要領では，「知識及び技能」「思考力，判断力，表現力等」「学びに向かう力，人間性等」の3つの柱に沿って指導内容が整理されています。ここでは，中学年のゲーム領域のゴール型ゲームをとりあげて説明していきます。

　第3学年及び第4学年の「E　ゲーム」においては，「知識及び技能」について，次のように示されています。

---

(1)　知識及び技能
(1)　次の運動の楽しさや喜びに触れ，その行い方を知る（知識）とともに，易しいゲームをする（技能）こと。
ア　ゴール型ゲームでは，基本的なボール操作とボールを持たないときの動きによって，易しいゲームをすること。

　　　　　　　　　　　　　　　　※太字及びカッコ書きは筆者（以下同）

---

　ここで示されている「行い方を知る」という部分が知識にあたる内容で，「易しいゲームをする」という部分が技能にあたる内容となります。そして，

その易しいゲームは，「基本的なボール操作」と「ボールを持たないときの動き」の技能を使って行うことになります。

　では，ゴール型ゲームでは，どのようなゲームを行い，何を指導すればよいのでしょうか。解説では次のように示されています。

---

　ア　ゴール型ゲーム

　　ゴール型ゲームでは，その行い方を知るとともに，基本的なボール操作とボールを持たないときの動きによって，コート内で攻守入り交じって，ボールを手や足でシュートしたり，空いている場所に素早く動いたりする易しいゲーム及び陣地を取り合って得点ゾーンに走り込むなどの易しいゲームをすること。

　［例示］

○ハンドボール，ポートボール，ラインサッカー，ミニサッカーなどを基にした易しいゲーム（味方チームと相手チームが入り交じって得点を取り合うゲーム）

○タグラグビー，フラッグフットボールなどを基にした易しいゲーム（陣地を取り合うゲーム）

・ボールを持ったときにゴールに体を向けること。

・味方にボールを手渡したり，パスを出したり，シュートをしたり，ゴールにボールを持ち込んだりすること。 ⎫　基本的な
　　　　　　　　　　　　　　　　　　　　　　　　⎬　ボール操作
　　　　　　　　　　　　　　　　　　　　　　　　⎭（追記：筆者）

・ボール保持者と自分の間に守る者がいない空間に移動すること。 ⎫　ボールを
　　　　　　　　　　　　　　　　　　　　　　　⎬　持たない
　　　　　　　　　　　　　　　　　　　　　　　⎭　ときの動き
　　　　　　　　　　　　　　　　　　　　　　　　（追記：筆者）

---

　まず，ゴール型ゲームについての説明があり，次に例示がありますが，これはすべての運動を行いなさいという意味ではありません。どの学校でも，カリキュラム・マネジメントのもと，年間指導計画が決められていますので，どの運動を学校として取り扱うかを確認する必要があります。ここでは，例示にある，「ポートボールを基にした易しいゲーム」をとりあげてみましょ

う。具体的な指導内容は，例示にあるように，「ボールを持ったときにゴールに体を向けること」「味方にボールを手渡したり，パスを出したり，シュートをしたりすること」「ボール保持者と自分の間に守る者がいない空間に移動すること」となります。

　つまり，「基本的なボール操作」と「ボールを持たないときの動き」が主な指導内容ということになります。もちろん，それだけを指導すればよいということではありませんが，授業を考える際に，この例示を参考にすることで，中心的な指導内容を知ることができます。これらは，子どもがその運動の楽しさや喜びにふれるために必要な技能と捉えることができます。

　「思考力，判断力，表現力等」については，次のように示されています。

---

(2)　思考力，判断力，表現力等
(2)　規則を工夫したり，ゲームの型に応じた簡単な作戦を選んだりするとともに，考えたことを友達に伝えること。

---

　ここでは，「規則を工夫する」「簡単な作戦を選ぶ」「考えたことを友達に伝える」の３つの内容が示されています。また，それぞれについて，次のようにさらにくわしく解説されています。

---

　ア　規則を工夫すること
○誰もが楽しくゲームに参加できるように，プレイヤーの人数，コートの広さ，プレイ上の緩和や制限，得点の仕方などの規則を選ぶ例
・攻めと守りの局面でプレイヤーの人数に違いを設け，攻めを行いやすいようにするなどの規則を選ぶこと。
　イ　ゲームの型に応じた簡単な作戦を選ぶこと
○ゴール型の陣地を取り合うゲームで，陣地に侵入するための簡単な作戦を選ぶ例
・少人数のゲームで，ボールを持っている人とボールを持っていない人

---

の役割を踏まえた作戦を選ぶこと。

ウ　課題の解決のために考えたことを友達に伝えること

○いろいろな高さのボールを片手，両手もしくは用具を使ってはじいたり，打ちつけたりすることについて考えたことを友達に伝える例

・易しいネット型ゲームで，高さの違うボールを片手，両手もしくは用具を使って強さや方向を変えてはじいた工夫を，動作や言葉，絵図などを使って，友達に伝えること。

○向かってくるボールの正面に移動することについて考えたことを友達に伝える例

・易しいベースボール型ゲームで，友達の正面に移動する動きのよさを，動作や言葉，絵図などを使って，友達に伝えること。

　「規則を工夫する」については，教材づくりとの関連が深いです。人数や広さなどは，基本的には教師が準備し，子どもと対話しながら，クラス全体として選ぶといったことが考えられます。ゲームにおいて，規則が違ってしまうと課題の解決方法も変わってしまい，意図した学習成果が得られないことが考えられます。子どもに規則をすべて選ばせるのではなく，課題などを引き出す発問をしながらクラスとして決めていくことが現実的です。ただし，ベースボール型で「自分が打ちやすいボールやバットを選ぶ」，ネット型ではじく技能がまだ定着していないのでボールを「キャッチする」か「はじく」を選ぶといったことについては，子どもにゆだねることも考えられます。ある程度，教師の方で指導目標や子どもの実態を踏まえ，単元の流れや1時間の流れを想定しながら，規則について提示する内容は何か，子どもに選択をゆだねる内容は何かということを想定しておく必要があります。

　「簡単な作戦を選ぶ」については，これも教師がいくつかの作戦を学習資料や掲示物を使って示せるように準備しておく必要があります。また，時間が進むにしたがって，提示された作戦を発展させたり，自分たちで考えたりすることができれば，子どもの考えた作戦をとりあげて，そこから選択でき

るようにすることも考えられます。

　「考えたことを友達に伝える」については，授業のどの場面で伝える活動を行うか想定する必要があります。ゲーム領域では，作戦タイムの場面が想定できますが，一番悪いパターンは，教師が「作戦を話し合ってください」とすべてを子どもにゆだねてしまうことです。まず，個人やチームの課題がしっかり把握できないと，的を射た話し合いは進められません。子どもの実態にもよりますが，教師の方で発問をしながら，何がうまくいって何がうまくいかないのか，課題を整理することも必要でしょう。また，話し合うための学習資料や作戦ボードなどの準備も必要になります。他にも，授業の振り返りの後で，本時のがんばりや気づいたことについて話し合う場面が想定されますが，これについても，本時のめあてについてどうであったのかを伝えることができるよう，教師の発問や学習カードを工夫する必要があるでしょう。さらに，ペアやグループで活動しながら見合い，教え合うといった場面も考えられますが，技能のポイントを教師が明示したり，発問により子どもから引き出したりして，見る視点を明確にする必要があります。

　最後に，「学びに向かう力，人間性等」については，次のように示されています。

---

(3)　学びに向かう力，人間性等

(3)　運動に進んで取り組み，規則を守り誰とでも仲よく運動をしたり，勝敗を受け入れたり，友達の考えを認めたり，場や用具の安全に気を付けたりすること。

---

　そして，次のア〜カのようにさらにくわしく解説されています。それぞれ，愛好的態度，公正，協力，責任，参画，共生，安全といった内容が示されています。

---

　ア　易しいゴール型ゲーム，ネット型ゲーム，ベースボール型ゲームに

---

進んで取り組むこと。（愛好的態度）
イ　ゲームの規則を守り，誰とでも仲よくすること。（公正・協力）
ウ　ゲームで使用する用具などの準備や片付けを，友達と一緒にすること。（責任・参画）
エ　ゲームの勝敗を受け入れること。（公正）
オ　ゲームやそれらの練習の中で互いに動きを見合ったり，話し合ったりして見付けた動きのよさや課題を伝え合う際に，友達の考えを認めること。（共生）
カ　ゲームやそれらの練習の際に，使用する用具などを片付けて場の危険物を取り除くなど，周囲を見て場や用具の安全を確かめること。（安全）

　これらは，1単位時間の授業の中ですべてを指導しなければならないと考えるのではなく，単元を通して重点を決めて指導することで，余裕をもって指導にあたれます。もちろん，重点以外はまったく指導しないというわけではなく，子どものそのときどきに見せる姿を捉えて，柔軟に考えていきましょう。
　アの愛好的態度については，子どもが進んで取り組むためにはどうしたらよいか教師側の手立てに立ち返って考える必要があります。イ・エの公正・協力については，授業がはじまる前に指導することが大事ですが，もめごとなどが起こった場合を好機と捉えて子どもとともに改善策を考えていきましょう。ウの責任・参画については，友達と一緒に準備や片づけをしている子どもをほめたり，目立たないところで一生懸命活動している子どもを価値づけたりして指導していきましょう。オの共生については，学習指導要領に新たに入った視点です。技能の差などに左右されず，すべての子どもが発言できるよう，友達の意見を肯定的に受けとめ共感している姿を認める指導をしていきましょう。カの安全については，とても大事な内容ですので，単元のオリエンテーションやはじめの段階でしっかり指導する必要があります。

# 指導案をつくってみよう①

## 特性が大切

- □運動の特性について理解する
- □一般的な特性と子どもから見た特性の違いについて理解する
- □運動領域のそれぞれの特性について理解する

## 各運動領域の特性

　運動には，それぞれ特有の性質があり，これを運動の特性といいます。特徴といってもよいかもしれません。小学校の運動領域は6つに分かれていますので，それぞれの領域に応じた特性があります。体育の授業では，子どもをこの運動の特性にふれさせることで，喜びや楽しさを味わうことができるようにすることが大切になってきます。

　また，運動の特性については，一般的に捉えられている特性と授業を受ける子ども側から見た特性とに分けられ，プラス面とマイナス面で捉えることができます。

　特に運動が苦手な子どもや運動に意欲的でない子どもは，マイナス面から捉えがちです。例えば，「この運動をすると失敗して恥ずかしい」とか，「挑戦することが怖い」といった捉え方です。ですから，教師はそれぞれの領域の運動の特性を，プラス面とマイナス面の両方向から捉えることが，指導案を作成する上でも，授業を行う上でもとても重要になります。

## ❶体つくり運動系

　体つくり運動系は，気づきやかかわり合いをねらいとした「体ほぐしの運動（遊び）」と，動きづくりをねらいとした「多様な動きをつくる運動（遊び）」「体の動きを高める運動」で構成されています。

　「体ほぐしの運動（遊び）」は，運動の心地よさを味わうことを通して，心と体の変化や関係に気づいたり，仲間とかかわり合ったりすることを中心とする運動だと捉えることができます。そこで，教師は発問を工夫し，心と体にどのような変化やつながりがあったのか，また，仲間と運動することの価値に気づかせることが重要になります。

　「多様な動きをつくる運動（遊び）」「体の動きを高める運動」は動きづくりが中心ですから，どのような運動をとりあげるかが重要になります。また，「多様な動きをつくる運動（遊び）」では，運動そのものを楽しく行えるようにゲーム化したり，集団化したりすることが必要になります。「体の動きを高める運動」では，動きづくりをした結果としての体力の向上を目指していることから，体力要素の巧みさ，柔らかさ，力強さ，持続について，どのような運動をするとそれらが高まるのか理解させる必要があります。

## ❷器械運動系

　器械運動系は，低学年の「器械・器具を使っての運動遊び」と中学年以降の「器械運動」とで構成されています。低学年で取り扱う「器械・器具を使

っての運動遊び」では，３年生以降で取り扱う「器械運動」につながるような基礎感覚を，運動遊びを通して養っていきます。

　器械運動のマット運動や跳び箱運動，鉄棒運動は，系統的に位置づけられた技に挑戦し，段階的にその技を習得していこうとする達成型の運動と捉えることができます。子どもによっては，「できないと恥ずかしい」「跳び箱や鉄棒から落ちたり背中を打ったりしそうで怖い」といった見方も出てきます。そこで，スモールステップを踏みながら，完全にできなくても「ここまではできた」といった，その子どもなりの達成の喜びを味わえるよう，場の工夫や言葉かけが必要になってきます。

　また，安全に行えるように補助をし合ったり，運動観察を行いながら課題を見つけ，それを解決するための方法を試行錯誤したり，協力して相互にかかわり合う学習も必要となってきます。

### ❸陸上運動系

　陸上運動系は，走る運動（遊び）と跳ぶ運動（遊び）に分けることができます。また，それに加えて，投げる運動（遊び）も指導できることになりました。

　低学年の「走・跳の運動遊び」においては，いろいろなレーンを走ったり，リズムよく跳んだりする楽しさを味わわせることが大切です。様々な走り方や跳び方を経験することで，そうした動きを楽しいと感じながら身につけていくことが重要になります。

中学年では，調子よく走ったり，バトンの受け渡しをしたり，小型ハードルを越えたりする楽しさや喜びにふれさせることが重要です。

　高学年では，記録に挑戦したり，相手と競争（走）したりする楽しさや，競争（走）に勝てたり，技能が高まったりする喜びにふれさせることが大切です。

## ❹水泳運動系

　水泳運動系は，水の中で浮く，呼吸する，進むなどの課題を達成し，水に親しむ楽しさや喜びを味わうことができる運動です。低学年は「水遊び」，中・高学年は「水泳運動」で構成されています。

　低学年の「水遊び」では，水に顔をつけることを怖いと感じる子どももいますので，まずは不安感を取り除くことが重要になります。宝探しなどの運動遊びを通して，自然と水に顔をつけられるようになったり，もぐって息を止めたり吐いたりできるようにすることが必要になります。

中・高学年の「水泳運動」では，安定した呼吸を伴うことで，心地よく泳いだり，距離や時間を伸ばしたり，記録を達成したりといった楽しさや喜びにふれさせることが重要です。息継ぎができなくて苦しいので嫌になったり，少ししか泳げないので恥ずかしいと感じたりする子どももいるので，一人ひとりの泳力に合わせた指導や，バディやグループでの支え合う活動を取り入れることなどが必要になります。

## ❺表現運動系

　表現運動系は，自分の心や体を解放して，イメージしたものになりきったりリズムに合わせたりしながら踊ることや，仲間と交流して踊ることの楽しさや喜びを味わうことのできる運動です。

　低学年の「表現リズム遊び」では，身近な動物や乗り物などの特徴を捉え，それになりきって踊ったり，軽快なリズムの音楽に合わせて踊ったりする楽しさにふれさせることが重要です。絵カードを使ってイメージをふくらませたり，リズムが違う音楽を用意したりすることが必要になります。

　中・高学年の「表現運動」では，特に表現において，動きにメリハリをつけて「ひと流れの動きで即興的に踊ること」と，「はじめ─なか─おわり」の構成を工夫して「簡単なひとまとまりの動きにして踊ること」が重要です。表現することを恥ずかしく感じる子どももいるので，「みんな違ってみんないい」といった言葉かけや，1つのよい動きをとりあげ，まずは模倣からはじめて動きを広げていくとよいでしょう。

## ❻ボール運動系

　最後に，指導案作成の例としてとりあげる，ボール運動系についてです。低・中学年の「ゲーム」と，高学年の「ボール運動」で構成されます。ボール運動系は，競い合う楽しさにふれたり，友達と力を合わせてプレーすることで得点できた喜びを味わったりすることができる運動です。集団対集団で得点をとるために，友達と協力しながら，攻防することを楽しむことが特性であり，高学年になるにつれて，ルールや作戦を工夫して攻防を楽しむことになります。攻防を楽しむためには，ボールを扱うことと，ボールを持たないときにどう動くかが学習の中心になります。チームで協力しながら得点をとること，作戦を成功させることといったように，集団で目標を達成することが特性にふれ喜びを味わえることにつながるといえます。教材は，運動種目をそのまま行うのではなく，易しいゲームや簡易化されたゲームをとりあげます。得点がなかなか入らないゲームや，子どもの実態に合っていないルールでは，楽しさや喜びを味わうことにつながりません。そういった意味でも，運動の特性を損なわない，子どもの実態に即した教材づくりが必要になってきます。また，低学年では中学年の○○型ゲームにつながるボールゲームや，鬼遊びを取り扱います。

　運動の特性を考える場合，一般的特性と子ども側から見た特性を考えることが大切です。特に苦手としている子どもや意欲がない子どもが，なぜそう感じてしまうのかを考え，どう手立てを講じていくのかが授業成功の鍵となります。

# 指導案をつくってみよう①

## 単元の目標を立てよう

□学習指導要領に示された目標について理解する
□単元の目標の設定の仕方について理解する
□低・中・高学年それぞれの学年ごとの目標の違いについて理解する

### 単元の目標の設定

　学習指導要領には，小学校体育科の目標を受けた形で，低・中・高学年の
2学年ずつのまとまりで目標が示されています。学習指導要領には，例えば，
第3学年及び第4学年の目標について，次のように示されています。

---

(1)　各種の運動の楽しさや喜びに触れ，その行い方及び健康で安全な生
　　活や体の発育・発達について理解するとともに，基本的な動きや技能
　　を身に付けるようにする。　　　　　　　　　　　　　　【知識及び技能】
(2)　自己の運動や身近な生活における健康の課題を見付け，その解決の
　　ための方法や活動を工夫するとともに，考えたことを他者に伝える力
　　を養う。　　　　　　　　　　　　　　　　　【思考力・判断力・表現力等】
(3)　各種の運動に進んで取り組み，きまりを守り誰とでも仲よく運動を
　　したり，友達の考えを認めたり，場や用具の安全に留意したりし，最
　　後まで努力して運動をする態度を養う。また，健康の大切さに気付き，
　　自己の健康の保持増進に進んで取り組む態度を養う。

　　　　　　　　　　　　　　　　　　　　　　　【学びに向かう力・人間性等】

---

これらの目標は，３つの柱である「知識及び技能」「思考力・判断力・表現力等」「学びに向かう力・人間性等」に対応しています。これらは，２学年間のまとまりとしての目標であるということを念頭に置く必要があります。つまり，第４学年の出口での目標となりますので，第３学年ではここまで，目の前の子どもの実態に合わせたらここまで，といった形で考え，いきなり出口の高い段階を求めないことが大切になります。

　それでは，これを受けて，第４学年の「E　ゲーム：ポートボールを基にした易しいゲーム」の単元の目標を考えていきましょう。先述したように，学習指導要領には，上記の目標に対応した形で指導内容が３つの柱に沿って書き分けられています。その内容をしっかりと子どもが身につけることが単元の目標となりますので，次のような単元の目標設定が考えられます。

---

(1)　ゴール型ゲームの楽しさや喜びにふれ，その行い方を知るとともに，易しいゲームをすることができるようにする。　　　【知識及び技能】

(2)　規則を工夫したり，ゲームの型に応じた簡単な作戦を選んだりするとともに，考えたことを友達に伝えることができるようにする。

　　　　　　　　　　　　　　　　　　　　　【思考力・判断力・表現力等】

(3)　運動に進んで取り組み，規則を守り誰とでも仲良く運動をしたり，勝敗を受け入れたり，友達の考えを認めたり，場や用具の安全に気をつけたりすることができるようにする。　　【学びに向かう力・人間性等】

---

　単元の目標については，学習指導要領を写すといった安易な考えに陥らずに，目の前の子どもの実態に合わせて，文言を検討する必要があるでしょう。もし，３年生で同様のゲームを取り扱うとしたら，目標は段階を落として，少し易しい内容にすることが必要です。また，あくまで，指導する教師側が，子どもをどのような姿に導くのかといった目標になるので，「○○ができるようにする」といった文末表現になります。(64ページ参照)

## 単元計画を考える

☐単元計画作成の手順について理解する
☐単元計画作成のポイントについて理解する
☐単元の弾力的な扱いの工夫について理解する

## ■ 年間指導計画との関連を考える

　単元計画を立てる際には，年間指導計画との関連を考えなくてはなりません。まず重要となるのが時間数です。ある程度の時間数を確保しないと，主体的・対話的で深い学びの実現に結びつかないのはもちろんのこと，3つの柱である「知識及び技能」「思考力・判断力・表現力等」「学びに向かう力・人間性等」をバランスよく身につけることもできません。しかし，クラス数や施設の広さ，用具の数などにより，様々な条件が制限されてしまうのが現状でしょう。もし短い時間数でしか単元を組めない場合は，2年間を1つの単位として捉え2年間の単元計画を組むことも考えられます。

　例えば，5年生の跳び箱運動は6時間単元，6年生の跳び箱運動は5時間単元で，2年間で11時間単元として，単元の目標を達成できるように計画を組んでいくことが考えられます。また，ボール運動系において，ゴール型，ネット型，ベースボール型の3つの型のゲームを取り扱う際に，5年生でゴール型とネット型を取り扱い，6年生でゴール型とベースボール型を取り扱うことで，1つの型の授業に一定の時間数を確保することにより，単元の目標を達成できるように計画していくことも考えられます。

## 単元の目標を達成できる計画か

　大枠である時間数が確定すれば，その後は，どのような順番で指導内容を配列し組み立てていくかということになります。ただし，この組み立て方も様々なパターンが考えられると思います。例えば，「こういうゲームをやってみたい」と，単元の中で取り扱うゲーム教材の内容から考え，単元前半では易しいルールや場でのゲームを，単元後半では発展したようなゲームを行うといったパターンが考えられるでしょう。

　また，「○時間だから，こういう流れでやろう」といったように枠組みから考えるパターンもあるでしょう。これについては，授業者である先生方のやりやすい方法でよいと思いますが，絶対に外してはいけないのは，前述した単元の目標を達成できるような計画になっているかということです。そして，その際，子どもの実態を踏まえているかということが最重要事項になります。実態とかけ離れた単元計画を立てても，思うように目標を達成することはできません。常に，目標と実態を照らし合わせながら構想していくことが重要になります。

　ここでは，中学年の「ポートボールを基にした易しいゲーム」を例に考えていきましょう。先生方の頭の中には，図のように様々なことが思い浮かぶことでしょう。単元計画は，それらを時間数に合わせて整理し，組み立てていく工程となります。52～53ページに，単元計画の例を示しました。単元計画も大きく3つの構成に分かれます。単元の「はじめ」の段階ではオリエンテーションが必要であり，「なか」の中心的な活動，そして終盤の「まとめ」の活動となります。

単元の構想

## 「はじめ」の段階

　「はじめ」の段階であるオリエンテーションでは，子どもが学習の見通しをもてるようにすることが重要です。その際，教師は「この単元が終わるときには子どもにこんな姿になってほしい」というゴールイメージをもちながら，単元の目標を，子どもが理解しやすい言葉に落として投げかけ，学習の方向づけをしていきます。その上で，学習に必要となる約束や，グルーピングなどを行います。単元はじめに約束事をしっかりと指導しておくことが，その後の学習のスムーズな進行につながります。

　グルーピングにおいては，人間関係を考慮し，技能的にはチームが均等になるようにします。チームは技能の差がある異質グループを構成するとよいでしょう。様々な違いを認め合い，それらを超えた学習を期待したいところです。また，学習カードの使い方を説明したり，学習資料を基に取り扱う教材や中心となる動き，運動についても説明したりする必要があります。さらに，試しのゲームを行うことで，「もっとやってみたい！」といった意欲をもてるようにし，運動との出会いを工夫する必要があります。

　そういった意味ではどのようなゲーム教材をとりあげるかが大きな鍵を握っていますが，教師の発問や言葉かけも大変重要になります。例えば，動きのよい子どもを称賛したり，「もっと得点をとれるようにするためにはどうしたらよいでしょう？」といった発問をしたりすることがその後の子どもの主体的な学びの姿につながります。52〜53ページの例では，オリエンテーションを1時間しか設定していませんが，2時間を割り当て単元のスタートを丁寧に行うことで，より学びを深めることにつなげることも考えられます。

## 「なか」の活動

　「なか」の活動では，単元前半の3時間を易しい段階として，ハーフコー

トで，攻守を一定時間で交代するゲームを設定しています。最初は授業の流れに慣れたり，ゲームのルールを覚えたりといったことが必要になりますので，易しいルールでみんなが楽しめるような配慮が大切になります。やがて，単元の中盤になり，ゲームにも慣れてくると，子どもの中にもより発展的な運動をしたいというような挑戦的な欲求が生まれてくると考えられます。

　そこで，後半の４時間を進んだ段階として，オールコートの攻守が入り交じるゲームを設定してあります。単元の中で，まったく違うルールでゲームを行うと，子どもがそのルールを覚えたり慣れたりするまで時間がかかるので，同じルールで攻守の切り替えだけ加えた形にしてあります。ボール運動系では，こういった単元構成が多く見られますが，器械運動系や表現運動系ではまた違った構成も考えられますので，よりよい構成の仕方を，運動の特性と子どもの実態も踏まえて選択していく必要があります。

## ■「まとめ」の活動

　「まとめ」の活動で重要なのは，ただ勝った，負けたで終わらせないことです。勝敗は勝敗としてどのグループのがんばりも認めながら，この単元で何を学んだのかを振り返る必要があります。それは，技能に関することだけでなく，例えば，「単元を通して課題を解決するための話し合いが上手にできるようになったね」といったように，次の単元でも生かせる汎用的な力にも目を向けることが重要です。

　基本的なボール操作については，単元に帯状に時間を位置づけ，毎時間の伸びを確認しながら行うようにしていきます。また，これについては単に繰り返すだけではなく，ゲーム化していくと活発な活動につながるでしょう。

　単元計画には，学習活動に即した評価規準も位置づけましょう。その時間の指導の重点の裏返しが評価項目になります。評価については，７日目の評価の仕方を参照してください。

目標 ○ゴール型ゲームの楽しさや喜びにふれ，その行い方を知るとともに，基本的なボール操作とボールを持たないときの動きによって，易しいゲームをすることができるようにする。（知識及び技能）
○規則を工夫したり，ゲームの型に応じた簡単な作戦を選んだりするとともに，考えたことを友達に伝えることができるようにする。（思考力・判断力・表現力等）
○運動に進んで取り組み，規則を守り誰とでも仲良く運動をしたり，勝敗を受け入れたり，友達の考えを認めたり，場や用具の安全に気をつけたりすることができるようにする。（学びに向かう力・人間性等）

| 時間 | | 1 | 2 | 3 | 4 |
|---|---|---|---|---|---|
| 0分<br>10分<br>20分<br>30分<br>40分<br>45分 | | ・オリエンテーション<br>・授業の見通し<br>・内容の紹介<br>・グループ決め<br>・学習カードの使い方<br>・約束事の確認<br>・試しの運動，ゲーム | 整列　あいさつ　準備運動 | | |
| | | | ・パス　2人組→グループ（30秒）<br>・シュート（30秒間で何点入った | | |
| | | | 簡単なルールでボールをうまくつないで攻撃しよう | | |
| | | | 【グループ練習】<br>・ガードマンをつけて，3回パスを回したらシュートする<br>【ゲーム】<br>・一定の時間で攻守交代する<br>・ハーフコートで行う<br>・ゴールマン1人，ガードマン1人，守り2人<br>・攻め3人 | | |
| | | | 後片づけ　　　振り返り | | |
| 評価計画 | 知識・技能 | | ゲームの行い方について言ったり書いたりしている<br>（観察・学習カード） | | ボールを持ったときにゴールに体を向けることができる<br>（観察） |
| | 思考・判断・表現 | | | 攻めを行いやすくするなどの規則を選んでいる<br>（観察・ICT） | |
| | 主体的に学習に取り組む態度 | 場や用具の安全をたしかめている<br>（観察） | ゲームに進んで取り組もうとしている<br>（観察） | | 規則を守り，誰とでも仲良くしようとしている<br>（観察・学習カード） |

| ⑤ | 6 | 7 | 8 |
|---|---|---|---|

学習課題・めあての確認　　場の準備

で何回続くかな？）
かな？）

作戦を立てたり，空いている場所へ
動いたりして攻防しよう

【ゲーム①】
・オールコート，４対４で行う
・１人はガードマン，１人はゴールマン
・攻めのときはガードマンも攻め，３対２で行う
【グループでの話し合い・グループ練習】
・１回目のゲームでの課題について話し合う
・グループで作戦を立てて練習する
【ゲーム②】

学習カードの記入　あいさつ

| | 味方にパスを出したり，シュートをしたりすることができる（観察） | | ボール保持者と自分の間に守る者がいない空間に移動することができる（観察） |
|---|---|---|---|
| 友達にパスを出したり，シュートをしたりするときの工夫を伝えている（観察・学習カード） | | ボールを持っている人と持っていない人の役割を踏まえた作戦を選んでいる（観察・学習カード） | |
| | 友達の考えを認めようとしている（観察・学習カード） | 勝敗を受け入れようとしている（観察） | |

・振り返りのときには今日のめあてについて自分がどうだったのか学習カードに書いたり発表したりします

## 指導案をつくってみよう②

### 何を学ぶか，どのように学ぶか

- □主体的な学びにするための手立てについて学ぶ
- □課題解決学習の重要性について学ぶ
- □3つの柱に整理された内容を関連づけた学びの必要性を理解する

## 主体的な学びにするために

　体育の場合は，運動を通しての学びですので，運動の技能を高めることはとても重要なことです。体育の授業を通して，その子どもなりに技能が少しでも身につけば，できた喜びが次の課題解決への意欲にもつながっていきます。ただ，ここで勘違いしてはいけないのは，技能向上のみを重視する，技能向上中心の授業を行うのではないということです。

　中学年の「ポートボールを基にした易しいゲーム」を例に考えてみましょう。技能としては，「基本的なボール操作とボールを持たないときの動きによって，コート内で攻守入り交じって，ボールを手や足でシュートしたり，空いている場所に素早く動いたりする」ことが指導内容として示されています。これらを身につけるには，知識である「運動の行い方」が必要であり，これらを関連づけてどのように子どもが学んでいくかが重要になります。例えば，基本的なボール操作であれば，先生が笛を吹いてシュートやパスを単調に繰り返すようなトレーニング的な練習を課せば，その技能が高まるかもしれません。また，「△△に動きなさい」といった一方的な指示を出して動きを教え込めば，動くことができるかもしれません。しかし，そこには，子

どもの主体的な学びはもちろんのこと，思考し判断したことを表現するといった姿も見られません。子どもが「できた！」「わかった！」「またやりたい！」と目を輝かせるような授業にするためには，子どもの思考を促し，考えたことを表現させ，それを知識として全体で共有しながら課題解決に向かう学習が重要になります。

## 教師の助言や声かけで主体性を引き出す

また，相互にかかわり合い，試行錯誤しながら課題解決を行う過程での子どもの姿を見取り，教師が適切な助言や価値づけをすることも重要です。例えば，相手のいない場所へなかなか上手に動けない子どもがいた場合，グループでの練習の中でよい動きをしている子どもに着目するよう教師が助言することが考えられます。また，相手のいない場所に動けた場面をとりあげ，ほめて認めることで自信につながり，「いつでも動けるようにしよう」という新たな課題に取り組む意欲が高まることも考えられます。加えて，仲間によいアドバイスをしていた子どもや，「がんばれ！」「いいぞ！」「ドンマイ！」といった励ましなどの肯定的な言葉かけをしている子どもをとりあげることで，仲間と課題解決する喜びを味わうことにもつなげることができます。

こういった学びは，「学びに向かう力・人間性等」の内容である，公正，協力，責任，参画，共生といった学びが土台にあってこそ展開できるものです。子どもがペアやグループで学びを進めていく際に，相手の考えを受容し，認めた上で自分の考えを伝えるといったような態度が身についていなければ，相手の考えを否定したり非難したりするなどして，学びが停滞してしまいます。試行錯誤しながら課題解決していくこと自体が楽しいと感じられるような，授業の雰囲気を肯定的なものとしていくことが必要不可欠です。

このように考えると，3つの柱に整理された内容を関連させた学びが必要だといえます。単独では成り立たないのです。3つの柱に整理された内容の指導を関連づけながら指導していくことがとても大切です。

## 指導案をつくってみよう②

# 教材の考え方

□教材と素材，教具の違いについて理解する
□素材を易しいゲームへと教材化する方法について学ぶ
□運動の特性を生かした教材づくりについて理解する

## 素材を教材化する

　「教材」というと，学校現場では授業で使用する教具を指すこともありますが，ゲーム領域でいう教材とは，子どもが学びやすいように修正した運動（ゲーム）を指します。例えば，中学年のゴール型ゲームで「ポートボールを基にした易しいゲーム」を教材とすると，その素材となるのは「ポートボール」になります。ポートボールは，一般的には下図のようなコートを使い，5人対5人で攻守が入り交じって行うゴール型のゲームです。中央のサークルでジャンプボールを行い，ボールを保持したチームはパスやドリブルを使ってシュートしやすい場所までボールを運んでいきます。攻撃側がシュートし，台の上にいるゴールマンがキャッチできたら得点となります。制限エリアには，守りは1人だけしか入れず，シュートされたボールがゴールマンにキャッチされないように守ります。もちろんボールを守りがとったら，攻守が入れ

一般的なポートボールの例

替わるので，攻守の切り替えが必
要になってきます。ただ，このゲー
ムをそのまま体育授業に持ち込
んだとしたらどうでしょうか？
いつもボールを運ぶ人やシュート
をする人は同じで，ボールにさわ
る回数が少ない子どもができてし

ポートボールのゴール場面

まうかもしれません。また，ゴールマンまでシュートが届かなくて，シュー
トを決めた喜びが味わえない子どももいるかもしれません。さらに，攻守が
入り交じるので，守りなのか攻めなのか切り替えについていけない子どもも
いるかもしれません。このまま教材としてとりあげると，子どもがゴール型
ゲームの運動の特性にふれられないままで授業が終わってしまうことが予想
されます。

　そこで，中学年の実態を踏まえて，易しいゲームに修正していく必要があ
ります。つまり，素材であるポートボールを教材化していくのです。学習指
導要領解説では，易しいゲームについて次のように示されています。

> 　易しいゲームとは，ゲームを児童の発達の段階を踏まえて，基本的な
> ボール操作で行え，プレイヤーの人数（プレイヤーの人数を少なくした
> り，攻める側のプレイヤーの人数が守る側のプレイヤーの人数を上回る
> ようにしたりすること），コートの広さ（奥行きや横幅など），ネットの
> 高さ，塁間の距離，プレイ上の緩和や制限（攻める側のプレイ空間，触
> 球方法の緩和や守る側のプレイ空間，身体接触の回避，触球方法の制限
> など），ボールその他の運動用具や設備などを修正し，児童が取り組み
> やすいように工夫したゲームをいう。

　先生方は，素材である「ポートボール」を様々な調味料や調理方法を使っ
て調理をしていく料理人だといってよいでしょう。子どもの実態に即して，

学ばせたい内容を含んだ易しいゲームへと変えていく，まさに教師の腕の見せ所なのです。

## 教材づくりのポイント

　教材づくりでは，子どもの実態を踏まえて，ゲームの人数を少なくしてボールにふれる回数を保障したり，攻めを守りよりも１人多くすることでシュートが決まりやすくしたりして，より運動の楽しさを味わわせる工夫を加えていきます。また，ルールや用具，コートの大きさといった内容について考えるだけでなく，どうすれば子どもが「わかった！」「できた！」といった達成感を味わえるかについて考えることも重要です。また，かかわり合いながら協働して行うためにはどうしたらよいかといった視点をもつことも重要です。

　それでは，ポートボールを素材にして，ゴール型ゲームの教材づくりについて考えてみましょう。次の図は，教材づくりのイメージです。様々な角度から考え，修正し工夫することが重要です。

　また，このような構想を基にすると以下のようなゲームが考えられます。ゴールマンをコートの端ではなくコートの中央に置いて行うようにしたゲームです。コートの端にゴールマンを置くと，180°の面からしかシュートを放つことができません。それが，コートの中央に置くことで，360°どの方向からもシュートをねらえるようになり，

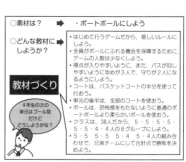

教材づくりの構想

子どものシュートチャンスが増えることになります。シュートチャンスが増えれば，シュートをきめて「できた！」という達成感を味わわせることにもつながりますし，ゴールの裏側の空間を使えることで，空いている場所へ動くということが「わかった！」ということにもつながっていきます。

また，単元計画とも関連しますが，単元前半では，コートを半面にして攻めと守りを固定した，時間による攻守交代制にすることも考えられます。攻めと守りの切り替えをしながらゲームを展開することは，ある意味，運動の特性にふれさせることになりますが，切り替えが早いために混乱し，思ったように動けない子どももいることが考えられます。

　そこで，単元前半では，一定時間，攻めは攻めだけを行い，守りは守りだけを行うといったルールにし，ゲームの行い方を知ったり，ボールの扱いや動き方に慣れたりすることに重点を置きます。この前半の学習を基に，単元後半では，オールコートで攻守を切り替えながら入り交じって行い，作戦を選んで行うことに重点を置くようにします。

教材化した易しいゲーム

　さらに，台の上のゴールマンがボールをとるのではなく，固定のゴールにするといったゲームに教材化することも考えられます。今度は，ボールを山なりにして正確にシュートを打たなければなりませんので，よりパスの正確性や，人のいない場所へ動いて安定したシュートをすることが求められるゲームへと変わっていきます。

ゴールを固定したゲーム

　このように，子どもの実態に合わせ，運動教材を工夫することが重要になります。他にも兄弟チームにしてかかわり合いをもたせることや，教具といった周辺の要素も教材づくりでは大事になってきます。また，こういった教材の提示は，何を学ばせたいかを明確にして構想する必要があります。そして，授業の進行具合と平行して，子どもとの対話の中でその都度変えていくことが必要です。

## 指導案をつくってみよう②

# 1時間を構成する

- □ 1単位時間の構成について理解する
- □ はじめ・なか・まとめのそれぞれの段階に行うことについて理解する
- □ 苦手な子ども，意欲的でない子どもへの配慮の仕方について理解する

## ■ 1単位時間の流れを考える

　1単位時間の構成については，次の例に示すように，「はじめ」「なか」「まとめ」の3つの場面に分けて考えることができます。「なか」の活動が主な運動場面になるわけですが，それをまた大きな2つの活動に分けて4つのまとまりとして考えることもできるでしょう。

　まず，「はじめ」の段階ですが，集合，整列，あいさつ，本時の学習課題・めあての確認，準備運動，場の準備といった，体育の授業でいつも行う内容が含まれます。体育の授業の流れとして習慣づけることで，どの単元でも同じように行い，運動の学習にスムーズに入れるようにすることが大切です。本時の学習課題・めあてについては，教師側が本時で身につけさせたいと考えている目標に照らし合わせて，発問や子どもとの対話を大事にしながら，子ども向けの言葉にして提示しましょう。

　次に「なか」の段階ですが，まず，主運動につながる予備的な運動を位置づけてあります。基本的なボール操作は，毎時間ごとに，短い時間でも継続して行うことで，徐々に身についていきます。また，主運動になるゲームに生かすということを子どもに意識させることで，意欲も高まっていきます。

次の時案の例では，単元計画の後半5時間目を想定しているので，ゲーム①を行い，全体での話し合いの後，グループでの話し合い・練習を位置づけています。そうすることで，ゲーム①での課題を明確にし，ゲーム②に生かすことのできる必然性のある話し合いや練習となっていきます。また，「なか」の部分は運動学習が中心になるので，運動する時間を十分確保できるように，時間配分にも留意する必要があります。

　最後に「まとめ」の段階では，学習カードを基に各自やグループで振り返りを行った後，全体共有する時間を設けます。そして，数名の子どもを意図的にとりあげ発表させ，本時のめあてに基づいて，何を学習したのか成果と課題を明らかにし，次時への意欲づけや方向づけを行うことが大切です。成果の確認の部分では，時間の確保が難しいところではありますが，実際に動いて表現させるといった試みもあるとよいでしょう。また，「今日のMVP賞」などを設け，運動やアドバイス，準備，片づけなどでチームやクラスに貢献した子どもを発表させ，みんなで称賛することも考えられます。整理運動や片づけも，時間内にできるようにしましょう。

## 留意点を具体化する

　また，指導上の留意点には，安全管理や安全指導に関する内容を位置づけることが重要です。どんなによい授業を行っても，子どもがけがをして痛い思いをしてしまっては，授業成果が台無しになってしまいます。

　他にも，運動が苦手な子どもや運動に意欲的でない子どもを想定して，講じる手立てを記載しておくことが大切です。学習指導要領解説には，知識及び技能の部分に「運動が苦手な児童への配慮の例」が，学びに向かう力・人間性等の部分に「運動に意欲的でない児童への配慮の例」が，それぞれ次のように示されていますので参考にするとよいでしょう。

---

◎運動が苦手な児童への配慮の例
・パスを出したり，シュートをしたりすることが苦手な児童には，ボールを保持する条件を易しくするとともに，ボールを保持した際に周囲の状況が確認できるように言葉がけを工夫するなどの配慮をする。

---

◎運動に意欲的でない児童への配慮の例
・ボールが固くて恐怖心を抱いたり，小さくて操作しにくかったりするために，ゲームに意欲的に取り組めない児童には，柔らかいボールを用意したり，大きなボールやゆっくりとした速さになる軽めのボールを用意したりするなどの配慮をする。
・学習の仕方が分からないために，ゲームに意欲的に取り組めない児童には，学習への取組の手順を掲示物で確認できるようにするなどの配慮をする。

---

　ただし，これはあくまで例であって，すべての子どもをカバーできる手立

てではありません。自分のクラスの子どもを思い浮かべ，また，日頃の体育授業での姿をイメージしながら，具体的な手立てを考えておく必要があります。授業の進行を考える中で，子どもにどのようなつまずきが見られるか，より多くの様々な子どもの姿をイメージすることで，それに対応する方法を想定することができます。

## 評価について考える

　評価については，本時の目標に重点として示した内容に対応した評価規準を設定します。また，それをどの場面で，どんな方法で評価するのかを考えておく必要があります。本時の目標には，３つの柱に沿って３つの目標が設定されていますので，もちろんすべての内容を指導して評価することになるわけですが，毎時間重点を決めることで，計画的で妥当性のある指導と評価の一体化につなげることができます。

　このように，１時間の構成を考えてきましたが，最も重要なのは，１時間はあくまで単元のまとまりの中の１コマであるという捉え方です。前後にはつながりがあるのです。したがって，授業終了後に，単元計画に立ち返って次の１時間の構成を見直すことが必要になります。１時間の子どもの学びの姿には，教師側の計画した通りにいかないことが必ずといってよいほど出てくるはずです。ですから，単元目標や単元計画に照らし合わせながら修正していくことが必要なのです。子どもの実態に応じて，単元計画と１時間の計画は往還しながら考えていくことが重要だといえます。

## ❶時案の例

(1) 本時の目標

○ゲームの行い方を知ることができるようにする。（知識及び技能）

○友達にパスを出したり，シュートをしたりするときの工夫を伝えることができるようにする。（思考力・判断力・表現力等）

○勝敗を受け入れることができるようにする。（学びに向かう力・人間性等）

(2)準備・資料

　　・ポートボール台　・得点板　・作戦ボード　・ストップウォッチ　・学習カード

(3)展開　※本時では，思考・判断・表現を主として評価する

| | 主なねらい・学習活動 | 指導上の留意点・評価（◎） |
|---|---|---|
| はじめ 10分 | 1　集合・整列・あいさつをする。<br>2　本時の学習課題・めあてを確認する。<br><br>パスやシュートの工夫を伝え合って，ゲームを楽しもう<br><br>3　準備運動をする。<br>4　場の準備をする。 | ・健康観察を十分に行う。<br>・前時までの学習を振り返り，今日の学習への意欲をもたせる。<br>・大きな声を出している子どもを認める。<br><br>・体をゆっくり伸ばすように声かけをする。<br>・進んで準備に取り組んでいる子どもを称賛する。 |
| なか 30分 | 5　予備的な運動をする。<br><br>6　ゲーム①を行う。<br><br>7　全体での話し合い・グループでの作戦タイム・グループ練習を行う。<br><br><br><br><br><br><br>8　ゲーム②を行う。 | ・これまでの回数の伸びや，動きがよくなった子どもをとりあげ，声をかける。<br>・ハーフコートからオールコートに変わることを伝え，これまでのゲームとのルールの違いを確認する。<br>・全体で集合し，うまくいったことや，うまくいかなかったことについて話し合う。<br>・図示しながら発問し，どうすれば得点につながるか対話しながら考えを深める。<br>・各グループを巡回し，声かけをする。<br>・作戦タイムで，自分の考えを伝えている子どもをとりあげ称賛する。<br>・苦手な子どもには，どこへ動けばよいか，いつパスをすればよいかを助言する。<br>・空いている友達にパスができたり，空いている場所へ動いたりしている子どもをとりあげ，よい動きを価値づけし周りの子どもに伝える。 |
| まとめ 5分 | 9　整理運動，片づけをする。<br><br>10　振り返りをする。<br><br>11　学習カードに記入する。<br><br><br>12　次時の学習の確認・あいさつをする。 | ・グループごとにMVPを発表し，本時のがんばりを認める。<br>・得点や応援など役割をしっかり果たしている子どもに声をかける。<br>◎友達にパスを出したり，シュートをしたりするときの工夫を伝えている。（思考・判断・表現：観察）<br>・けががないか健康観察を行う。 |

64

**❷時案作成の押さえどころ**

**・本時の目標**

　単元の目標に照らし合わせて，本時の目標を３つの柱に沿って決めます。すべてについて指導はしますが，本時の指導の重点を決めておくとよいでしょう。

**・準備・資料**

　必要な準備物や資料について書き出しましょう。学校にあるものと，新たに準備しなくてはならないものを整理しておきましょう。

**・本時の学習課題・めあて**

　本時の学習課題・めあてについて，子どもに提示する言葉で書きましょう。

**・授業の流れ**

　45分の授業は大きく３つに分けて考えることができます。これは目安ですが，なかの時間をしっかり確保しましょう。

**・まとめ**

　まとめの時間では，本時の振り返りを行いましょう。ここでの発問や子どもの気づきや考えの共有が重要であり，次時への意欲喚起にもつながります。

**・指導の重点**

　指導の重点を決めたら，評価の重点も決めましょう。ただし，他の観点はまったく評価しないというわけではありません。重点を決めておくことで見取りやすくなります。

**・指導上の留意点**

　特に指導上の留意点では，運動が苦手な子どもや運動に意欲的でない子どもにどのようにかかわるか具体的な手立てを書きましょう。

# マネジメントをしっかりと

□効率よく授業を進めよう
□授業場面について知ろう
□集合のさせ方，指示の出し方について学ぼう

## 体育の授業づくり

　いよいよ実際の授業づくりについて考えていきます。体育の授業をつくることは，はじめは難しいと感じるかもしれません。しかし，慣れてくるととても楽しいことです。多くの子どもは体育の時間が大好きです。運動が苦手な子どもも，楽しい体育の授業に出会うと，運動が好きになっていくことがあります。楽しい授業をつくることが教師には求められます。

　それでは，楽しくそして学びのある授業をつくるにはどうしたらよいでしょうか。教室で行う授業と違い，体育の授業は校庭や体育館のような広い空間で行います。子どもたちに指示や声かけが聞こえるように話す必要があります。大声を出せばよいというわけではありません。また，基本的に子どもたちは動き回ります。ある程度，掌握する力が求められます。子どもたちとの信頼関係が構築されていることも大事です。しかし，それが大前提というわけではありません。「体育の授業と学級経営は関連している」とよくいわれます。体育の授業づくりを通して，子どもたちと関係性を築いたり，豊かなかかわりのある学級をつくったりすることができるのです。みんなが輝き，豊かなかかわりがあり，運動することが大好きな子どもたちを体育の学習を

通して育てていけるような授業を創るためには，授業の仕組みを知っておく必要があります。「体育の授業の仕組み」について学んでいきましょう。

## 体育の授業場面

　45分間の体育授業場面を大きく分類すると，4場面から構成されています。「インストラクション場面」「運動学習場面」「認知学習場面」「マネジメント場面」と呼ばれます。それぞれの場面について説明します。(詳細は107〜109ページを参照)

### ❶インストラクション場面

　教師が子どもに直接指導をする場面を「インストラクション場面」と呼びます。これは，教師が本時のねらいを確認したり，発問したり，技をやって見せたりする場面です。教師の指導がないと，体育の時間は休み時間や自由時間とまったく変わらないことになります。しかし，あまり長くとりすぎると，子どもたちは飽きてしまいます。的確な指導を心がける必要があります。指示もできるだけ明確に，そして簡潔にします。また，学習内容が明確でないと，そもそも「学習指導」は実現しません。この授業，この単元で子どもたちに身につけさせたいものは何か，それをどのように学ばせるのか，また，授業や単元の終わりにはどんな子どもの変容を期待するのか，それを描いておくことが必要です。それがあれば，子どもたちの動きや運動を見て，瞬時にほめたり全体に共有したりすることができます。

### ❷運動学習場面

　この時間は，体育学習のメインです。子どもが実際に体を動かす場面です。準備運動や整理運動の時間も含め，その時間に扱う運動領域の運動(主運動と呼ぶこともあります)時間をたっぷりととる必要があります。目安としては，45分間の授業の中で少なくとも50〜60％は運動する時間を確保するこ

とが理想ですが，単元のはじめは説明をしたり約束事を決めたりする時間が必要になりますから，運動時間はそれほどとれないと思います。また，運動時間は確保していても，器械運動の場合は並んで待っている時間もありますし，ゲームやボール運動の場合は，得点係や審判などの役割をしている子どもがいることもありますので，1人の子が十分に運動できる授業設計が必要になります。領域や学習内容によっても変わってきます。大事なことは，授業設計の中でできる限りの運動時間を確保することです。

## ❸認知学習場面

　体育の授業はただ体を動かせばよいわけではありません。工夫したり考えたり，振り返ったりする時間が大切です。特に，新学習指導要領では思考力・判断力・表現力等の認知スキルを育成することも大事な視点とされています。どうしたらできるようになるのか，ゲームをよりよくしていくためにはどんな工夫をしたり作戦を立てたりすればよいかを仲間とともに考える時間を確保することが必要です。授業の中盤で，考えたことや工夫して取り組んだことを共有し合ったり，上手にできている子どもに手本を示してもらい，みんなで分析したり，今日学んだことを振り返って学習カードに記入したり，という時間を認知学習場面といいます。こうした時間を適宜とることが大切です。何を話し合うのか何を記述するのかを明確にしておくとよいでしょう。

## ❹マネジメント場面

　体育の授業には，並んだり移動したり，ゲームの前にあいさつをしたりする時間があります。また，子どもが自分たちで用具を準備したり片づけたりする時間も必要です。暑い時期であれば，水分補給の時間も確保しなければなりません。このように，学習する内容とは直接関係ないものの授業の運営を補助する活動をマネジメント場面と呼びます。この時間は必要ですが，できるだけ効率的に行いあまり多くの時間をかけない工夫が必要です。準備や片づけの際には，あわてて行うとけがにつながることもありますので，安全

に十分留意させ，協力してできるだけ素早く準備や片づけを行わせる指導が必要です。この時間も単元や領域によって違ってきます。器械運動領域のマット運動や跳び箱運動の授業では，準備や片づけの時間が多くかかります。第1時にマネジメントの時間を十分とって，準備や片づけの仕方や学習の進め方を学級全体で確認したり，約束事をつくったりすると，その後の進め方がスムーズになり，マネジメントの時間を少なくすることができるでしょう。

## ■ 効率的なマネジメント

　体育の授業では，学習以外にもやるべきことがたくさんあります。体育着への着替え，教室からの移動，用具の準備や片づけなど，実に様々で多様です。一つひとつに時間がかかると，あっという間に45分経ってしまいます。効率的なマジメントが必要です。そのためには，いくつかの工夫が必要です。効率的なマネジメントを実現するにはどんな工夫をすればよいでしょうか。

　まず肝心なことは，子どもたちとともに「学習規律」をしっかりとつくり，守っていく態度を身につけさせることです。この場合の「学習規律」とは，厳しく子どもをしつけていく，という意味とは違います。学習の準備，あいさつ，姿勢，発表の仕方や話の聞き方，話し合いの仕方など学ぶときの姿勢が「学習規律」です。お互いに気持ちよく学習を進めていくために，協力し合い助け合い，認め合っていくことや，話を聞くときはしっかり聞いたり，自分の意見を発表するときは大きな声で言ったりするなど，前向きに意欲的に学んでいく態度を育成していくことは大切なことです。これは，体育の授業だけでなく他の授業においても育成していくことが大切です。学級経営とも直結します。学級経営の基盤がしっかりしていると，体育の授業におけるマネジメントの効率化につながります。その逆もしかりです。体育の授業をしっかりとつくっていくと，学級経営に生きていくものです。効率的なマネジメントの実現は，子どもを学び集団としてしっかりと育てていくことによってなし得るといえるでしょう。

## 集合のさせ方と指示の仕方

　体育の学習は，校庭や体育館など広い空間で行います。基本的に子どもたちは動き回ります。教室でする授業と違い，声が通りにくい環境です。だからといって，大きな声を張り上げても子どもには伝わらず，のどにもよくありません。そのため，集合のさせ方をはじめ，教師の行動が大変大事だといえます。

　例えば，集合する際には集まる場所を決め，その場所は単元を通して変えず，可能であれば年間を通して変えなければ，いちいち指導する必要はありません。状況が許せば，学校中で統一するといった工夫も考えられます。

　また，集合させるときをはじめ，子どもたちに指示をするときにはいくつかのポイントがあります。まずは，明瞭に指示することです。わかりやすくはっきりとした指示でないと子どもは理解できず動けません。「グループごとに並んで座りましょう」や「ホワイトボードが見える位置に自由に座りましょう」などと，何をすればよいのかを明確に伝えます。また，簡潔に伝えることも大事です。長い指示は大人でも動けないものです。子どもは早く活動したり動いたりしたいのです。また，簡潔に指示が出せるということは，教師自身が子どもに何をさせたいのかが明確になっているということです。明確でないと指示が曖昧になり，結果として指示が長くなってしまうのです。

　最後に，指示をするときにはできるだけ次の行動まで指示しておくとよいです。例えば，「チーム練習が終わったらもう一度ここに集合します。合図は先生が出しますので聞こえたら集まってください」とか，「ゲームが終了したらあいさつをしてそのままチームの振り返りの時間になりますので進めてください」というようにあらかじめ指示をしておくと，効率的なマネジメントにつながります。また，そうしたことを毎回継続していけば，学び方として定着しますし，子どもが自主的に動くことにもつながります。

## 準備と片づけの方法

　準備と片づけを効率的にさせるためにまず大事なことは，その授業，単元で何を使用するのかを教師が明確にしておくことです。それぞれ何個必要なのか，それがどこに置いてあるのかを事前に把握しておいて，教師が行うことと子どもにゆだねることをしっかりと計画しておかなければなりません。

　準備や片づけを子どもに行わせる場合は，全員でやることが原則です。役割分担をして，一人ひとりの自分がすべきことを明確にします。また，マットや跳び箱の場合は，かかわる人数や力加減，持つ場所にも配慮し，安全に気をつけて運べるように指導します。走り高跳びのバーや旗立台など長尺な用具は，端と端を持たせ，周りに注意しながら運ぶことを徹底します。自身の安全，仲間の安全を確保しながら行うことを繰り返し伝えていきましょう。

　運んだ後，どこに置くかについても決めておく必要があります。その際に，状況が許せばマークを施しておくと子どもにもわかりやすいです。校庭の場合は，釘にスズランテープを巻いて刺したり，体育館の場合はビニールテープを貼ったりするとよいです。ただ，校庭や体育館は他のクラスも使用しますので，校内で共通理解したり，そのことを伝えたりすることは大切です。単学級でなければ学年で同じ単元を進めていくことが多いと思いますので，シェアすることも可能です。しかし，学級の実態に応じて場の設定も変わってくると思いますので，必ずしも全クラスで使用できるとは限りません。

　そして，なによりも大切なことは，安全に気をつけることです。早く準備や片づけをさせるために時間をはかって目標値を超えるように挑戦させるような場面を見ることがありますが，子どもの意欲づけにはなるものの，あわてさせてしまいけがにつながることも考えられます。早さだけでなく丁寧に行動すると，たくさん学習する時間が確保できる，ということを子どもに学ばせていくことが大事です。加えて，自分たちが学習する場は自分たちで準備や片づけをするという意識をもたせていきましょう。

# 約束ははじめに確実に押さえる

□授業を円滑に進めるための約束をつくろう
□約束の意味を子どもたちに伝えよう
□理にかなった約束をつくろう

## 体育学習における約束とは？

　体育の授業は，いくつかの約束事を子どもたちと決めておくとスムーズに行うことができます。約束事とは，ともに学ぶためのルールやマナーといえます。約束というと堅苦しいイメージがあるかもしれませんが，お互いに気持ちよく学んでいくためのものであり，学び方の1つだとも捉えられます。子どもたちにもそのように伝え，基本の約束は教師が教えつつも，単元を通したり，単元を重ねたりしていくにつれて，子どもたちとともにつくりあげていくのがよいと思います。

　体育学習における約束は，大きく「授業を進めていく上での約束」「安全に学ぶための約束」「よりよく学ぶための約束」にわけて考えることができます。

## 授業を進めていく上での約束

### ❶集合に関する約束

　体育の時間は，子どもたちが動き回ります。活動する内容によって，場所

が目まぐるしく変わります。集合して話を聞いたり，グループで話し合ったり振り返りをしたり，ゲームを行ったり技を行ったり，個々で学習カードに記入したり……。

　その都度，教師が指示したり，毎回その場所が変わってしまったりしては効率的なマネジメントが実現しません。少なくとも単元を通して，それらの場所を固定する設計をしていくとよいです。「集合する場所はホワイトボードの前で，グループごとに整列して座る」という約束を決めておけば，子どもたちは迷いません。また，モデル学習（上手にできている子に手本を見せてもらい，ポイントを見つけるなど）のときは，整列する必要はありません。「見やすい場所に集まり，近くの子は座り，後ろの子は見えにくい場合は立って見てよい」という約束も効果的です。

## ❷授業の流れに関する約束

　授業にはいろいろなパターンがありますが，基本的な流れは決めておくとよいです。例えばゲーム・ボール運動領域の場合は，以下の流れがスタンダードになると思います。
①集合してあいさつをする
②今日のめあてを確認する
③準備運動をする
④用具の準備をする
⑤ゲーム1をする
⑥課題を確認して作戦を立てたり練習をしたりする
⑦ゲーム2をする
⑧整理運動をする
⑨チームで振り返りをする
⑩全体で振り返りをする

　このようなスタンダードな流れをつくっておくと，どの領域でもほぼ同じ流れで行うことができます。授業の流れを約束しておけば，子どもたちは見

通しをもって学ぶことができますし，1年間の後半では自主的に学習を進めていくことも期待できます。もちろん，授業は学習する領域や学習内容，扱う教材によっていろいろな形式があります。ねらいに応じた授業を仕組むことが大事であることは言うまでもありません。上記のような基本を学び，経験を積み重ねていくと，様々な授業の流し方を試していけますし，臨機応変な対応もできるようになっていくものです。

## 安全に学ぶための約束

### ❶授業中の合図の約束

　体育の授業は，けがをすることに対する注意が必要です。教師は，子どもたちが安全に学んでいけるように細心の手立てを講じなければなりません。先述した通り，体育の時間は子どもたちが動き回ります。そのような中で教師が声かけをしたり指示をしたりしていきます。

　ゲーム中に子どもたちを称賛したり励ましたり，よりよくできるように声かけをしたりしていきます。例えば子どもたちが安全に学習していく上で，活動を一度中断して全体に指示をしなければならなかったり，安全確保のために注意喚起をしなければならなかったりすることがあります。

　そのような場合は，注目させる合図を決めておくとよいです。笛や太鼓で動きの合図をしたりリズムをとったりすることがあると思いますが，「2回強く鳴らしたりたたいたりする音が聞こえたら活動をやめて，先生に注目する」などの約束を決めて徹底させると効果的です。

　先輩の教師から「笛や太鼓ではなく，できるだけ肉声で指示をする」という指導を受けることもあると思います。徹底できればそれに越したことはありません。ただ，状況によって子どもたち全員に集中してしっかりと指示をしなければならないことが起きたら，確実にそれができる手段を選ぶべきです。そのための約束を決めておくことで，子どもたちの安全やスムーズな学びが保障されるのであれば，その方がよいわけです。

## ❷安全に学び合うための約束

　体育の授業でけがをしやすい領域は器械運動です。マット運動や跳び箱運動のときには，順番に技に取り組みます。その際に，技をはじめるときには，「はじめます」と言って手をあげてから行ったり，終わったら「終わります」と言って終えたりする光景をよく見ます。これは，技に取り組む，という意識を高めてしっかりと取り組むことを促すことや，前の子どもが終わってから次の子どもが行うことで交錯したりぶつかったりすることを避けることをねらったものです。

　また，技をしていない子どもが仲間の技をよく見て教え合ったりポイントを見つけ合ったりする際の合図にもなります。ただ，毎回声を出して行うことが定着しない場合もありますので，必ずそうしなければいけないわけではありませんが，少なくとも前の人の技が終わるまでは次の人ははじめないという約束は徹底する必要があります。

## ❸マナーに関する約束

　ゲーム・ボール運動領域の場合，チーム同士で対戦をします。ゲームをはじめる前や終了後には整列してあいさつをする約束も決めておくとよいです。この際に，なぜあいさつをするのかということも押さえておくことが大事です。相手がいるから試合ができる，そのためにあいさつをする，という意味を子どもたちが理解していないと，あいさつがいいかげんになったり，途中からやらなくなってしまったりします。例えば，プロのスポーツの試合でもそうしていることを伝えることも効果的です。ゲーム中は勝つために一生懸命になりますが，終わったら相手を称え気持ちよく終えるということを学ばせていくことが大事です。

　小学生は，発達段階的に勝敗を受け入れられない子どもがいることもあります。ゲーム中も，反則かどうかでもめることがあります。こうしたもめごとは，若い先生や体育の授業が苦手な先生にとってはやっかいに感じる場合もあるでしょう。しかし，もめるということは，ゲームに夢中になっている

証拠でもありますし，そういうときこそ学ぶチャンスだ，という見方もできます。

「みんなで決めたルールや規則は守る」という約束をしっかりとつくり，高学年などの授業で審判がいる場合は，「審判の指示に従う」「審判はしっかりと判断する」といったことも約束になります。

また，ルールに従わなかったり，審判の判断に文句を言ったり，ゲームの結果を受け入れられずにふてくされたりすることは，マナーとしてよくない，ということも教師が子どもにしっかりと伝え，指導することが大切です。そうした態度を育成していくことも体育の学習内容になります。

これも，「約束だから」ですますのではなく，「なぜそういう約束があるのか」ということを繰り返し確認していき，気持ちよくゲームを行うことのよさを学ばせていきます。ゲーム中に子どもがもめたり，ふてくされたりする場面こそ，「学びのチャンス」と思い，学習集団を高めていくことに取り組みましょう。

## よりよく学ぶための約束

ここまで，授業を円滑に進め，気持ちよく学び合うための約束について考えてきました。ここでは，一歩進んで「よりよく学ぶ」ための約束について考えていきます。

体育の授業では，「教え合い」「学び合い」を行う場面があります。この時間を子どもの学びにとって意味があるものにしていくためには，いくつかの約束をつくっておくとよいです。ゲーム・ボール運動の場合，ゲームをしないチームや子どもが出てくることがあります。全員がゲームに参加できる状況をつくれればそれに越したことはありませんが，コートの数や子どもの人数，チーム数によっても状況は変わります。また，ゲームを見ることで学ぶ，という学習効果から，見る場面をあえてつくることもあります。ゲームをしていないときに，ばらばらになって見るのではなく，「得点板の横でチーム

ごとに並んで見る」「得点，審判，記録などの役割を決めて見る」「仲間を応援する」などの約束が考えられます。

　器械運動の場合で考えると，マットや跳び箱に向かって，スタート地点を先頭に列になって，順番に取り組んでいく光景を目にしますが，これでは「教え合い」「学び合い」は実現しません。見るときの視点として，「手のつき方や踏み切りをよく見て，どうだったか伝えよう」という課題が設定されていることがあります。しかし，列になっていてはそれは実現しません。

　冷静に考えると当たり前のことですが，体育の授業ではそうした理にかなっていないことが起こることがあります。教師に「順番は並んで待つもの」という固定観念があると，子どもたちにそのように指示してしまいます。教師がそう言わなくても，子どもたちがそのように並んでしまうこともあります。「並んで待つ」というのは，ときと場合によってはお互いを尊重し合う行為です。しかし，仲間の技を見るときには，ふさわしくありません。「跳び箱に手をつく位置」を見るのであれば跳び箱の近くにいないと見えませんし，「踏み切り」を見るのであれば，跳び箱の後ろ側にいては見えません。

　ただし，技に取り組む子どものあまりにも近くで見ると危険な場合もあります。その際には「50cm以上離れて見る」とか「すぐに動けるように立って見る」などの約束をつくっておくことも必要です。これは，陸上運動や水泳運動の学習においてもいえることです。「どこで見るか」「何を見るか」「どう見るか」という視点から，よりよく学んでいくための約束をつくっていくとよいでしょう。

# 運動時間を確保しよう

- □ 体育の時間は体をたくさん動かそう
- □ 工夫次第で運動時間は確保できる
- □ バランスよく授業を仕組もう

　体育の学習の中心は，子どもが体を動かすことにあります。「運動時間の確保」はとても重要です。例えば45分間の授業の場合，子どもたちが運動する場面にはどのようなものがあるでしょうか。準備運動，感覚づくりの運動，技能練習，ゲームや試技，整理運動などが主なものですが，例えば移動の際に駆け足で動くような約束があると，その時間も子どもたちの運動時間として確保できます。教師の工夫によって運動時間をつくることができます。ここでは，そうした工夫について考えていきましょう。

## 運動時間を確保するために

### ❶充実した準備運動の時間にしよう

　まずは，準備運動です。体を動ける状態にする時間です。部位の運動で関節をほぐし，心拍数を上げ，体をあたためる意味があります。時間は季節によっても違いますが，暑いからといって簡単にすませるという考え方はしません。けがを防止するためにも重要な時間です。内容は，主運動につながる感覚づくりの運動を意図的に取り入れるといった考え方もあります。マット運動であれば動物歩きやゆりかごを取り入れる，ボール運動であれば1人1個ボールを持ってボール操作の動きを行っていけば，その動きに慣れていく

ことが期待され，技能向上にもつながります。

　準備運動の時間の工夫としては，どの運動でも大切な部位の運動は固定化
して，それに加えて主運動につながる運動をセットにするという方法もあり
ます。ゲームの授業で考えると，例えば，屈伸，伸脚，前屈，足首回しなど
をした後，ボール操作の運動を入れます。まずは1人で投げ上げキャッチ，
ドリブルなどをして，その後2人組でパスをするなど，セットにして毎回の
授業で同じように進めていくと，効率化とともに，ボール慣れと技能向上が

期待できます。子どもたち
が好きな音楽をBGMとし
て流して，曲調が変わる部
分で動きを変えるなどの工
夫もできます。そうするこ
とで，しっかりと運動時間
を確保することにもつなが
ります。

## ❷多くの子どもたちが運動できる工夫をしよう

　主運動の時間はたっぷりとります。領域や内容にもよりますが，目安とし
ては45分間の半分以上の時間はこの時間にあてるような計画が望ましいです。
ここで重要なのは，多くの子どもたちが運動できる場を工夫することです。

　例えば器械運動や陸上運動では，自分の番がくるまで列に並んで待ってい
たり，グループの仲間が行うのを観察したりする時間もあります。授業での
運動している時間としては確保していても，一人ひとりが運動する時間がし
っかり確保できているかに気を配る必要があります。ゲーム・ボール運動で
あれば，できれば審判係や得点係のようなチームをつくらずに，全員がゲー
ムに参加できる状況になるように工夫しましょう。器械運動や陸上運動の場
合には，できるだけ1つの場における人数を少なくして，子どもたちがたく
さん運動できるようにしていきましょう。

また，工夫次第で子どもたちの運動時間を確保することができます。先述の通り，ゲームとゲームの合間にコートを移動したり，ゲーム終了後に集合したりする際に，走って移動したりケン・ケン・パで戻ってきたりするような指示をすると，子どもたちにたくさん運動させることができます。

### ❸整理運動もしっかりと位置づけよう

　授業の最後には，整理運動の時間も必要です。いわゆるクールダウンです。使った部位を伸ばしたり上昇した心拍数を落ち着かせたりする効果があります。けがの防止にもつながります。子どもたちには整理運動をしなくても……という考え方があるかもしれません。しかし，体育は生涯スポーツの第一歩です。クールダウンの効果を伝え，運動する際の作法や方法を学ぶことも必要です。また，心を落ち着かせてから授業の「振り返り」に入るという効果もあります。切り替えです。運動会では，整理運動をしてから結果発表などに入ると思いますが，プログラムの構成として「切り替え」の機能もあるわけです。

　こうして考えると，整理運動をいつ行うのかという問いが明らかになります。最後の最後に整理運動をしてあいさつするのではなく，主運動の時間が終わったら，集まって整理運動をし，心と体を落ち着かせて振り返りに入る，というのが理にかなっているといえます。もちろん，状況によってやり方は様々ですので，臨機応変にしっかりと整理運動の時間を確保していきましょう。

## 運動時間の目安

　別項でも言及していますが，45分間の授業の中で子どもが実際に運動をする時間はどれくらいあればよいのでしょうか。子どもたちの運動能力や体力が低下しているといわれている中で，体育の時間に運動したり運動することに対して好意的になるようにしたりしていくことは，現代においてはとても

重要なことといえます。

　そう考えると，少なくとも半分以上の時間，できれば6割程度の時間は運動時間にあてるように心がけましょう。実際に運動している時間をストップウォッチではかってみると，意外と少ないということがよくあります。体育学習は，整列したり移動したり指示を聞いたり話し合いをしたりとたくさんの活動があります。あっという間に時間が経ってしまいます。だからこそ，教師が運動時間をたくさん確保するように「心がける」ことが肝心です。

　ところで，子どもたちにボールを1個与えて，45分間ずっとバスケットボールをさせるような授業があった場合，それはよい授業といえるでしょうか。運動時間からいえば，100％です。子どもたちはずっと動いているので，運動量もそれなりに確保できているといえるでしょう。しかし，これは体育の授業，体育の学習とはいえません。学習として価値のある運動時間の確保が重要なのです。

　「バスケットボールを行った」という事実はその通りですが，それが学びになるためには変容が必要です。どうしたらボールをうまく投げられるのか，どのように攻めればボールを運ぶことができるのか，どのように守ればシュートされないですむのか，ということを考えたり話し合ったりして試してみることが大事です。その結果，バスケットボールをより楽しめるように変容します。仲間と協力し工夫してゲームをしていけるようになるのが学びの姿です。

　教師が直接指導したり，子どもから引き出したり広めたりしながら，「できる」「わかる」「かかわる」ことが実現するように授業を仕組まねばなりません。思いっきり動く場面，じっくり考えたり振り返ったりする場面，自分たちで考えた練習を行う場面，教師が指導したり課題を共有したりする場面のバランスが重要です。運動時間を確保しながら，そのような時間も設計して充実した体育の授業をつくっていきましょう。

# かかわり合いながら学習しよう

□体育学習における「かかわり」の意味を考えよう
□「運動技術」を媒介にしたコミュニケーションとは？
□かかわる必然性をつくろう

　体育の学習では，以前から「できる」「わかる」「かかわる」が大事にされてきました。できるためにも，わかるためにも，わかってできるためにも，かかわりは重要な視点です。

　そもそも，体育学習で扱う種目や教材は，他者と競争したり，チームで協力したり，コツや技術を見つけ合ったりしていくため，かかわり合いは必須といえます。個人種目であっても，ともに学び合うことでより効果的に学べます。協力したり教え合ったりすることが，学習の中に位置づいているのです。しかし，一言でかかわりといっても一体何とかかわるのでしょうか。どのようにかかわるのでしょうか。ここでは，体育学習におけるかかわりの中身について考えてみたいと思います。

## 体育で「かかわる」意味

　学校生活や学びの場において，子どもたちが「かかわる」ことは重視されています。人と人とがつながるよさを知り，仲間とともに取り組むすばらしさを体感していくことは，生きる力を身につけていくことにもなります。しかし，そうしたかかわり合いは，日常の学校生活でも期待できますし，どの教科の授業でも特別活動や行事でも期待できます。

そう考えると，かかわるということは，教科横断的に，学校生活のすべての場において大事にされていくべきことです。一方で，体育という教科だからこそ実現するかかわりとは何でしょうか。技ができるようになるためにアドバイスし合ったり，同じチームの仲間として他のチームと対戦したり，役割分担しながら運動に取り組んだり，実に様々な場でかかわりがあります。体育の学びそのものがかかわりを前提にしているといえるかもしれません。だからこそ，体育におけるかかわりの意味を考えていく必要があります。

## ■ 運動技術を媒介にしたコミュニケーション

　鉄棒運動の学習で，降り技の1つである「コウモリ振り降り」に取り組んでいる場面で考えてみます。コウモリ振り降りは，両膝を鉄棒にかけ，逆さにぶら下がり，前後に体を振って膝を離して着地する，という技です。

　はじめは逆さにぶら下がるだけのコウモリ遊びからはじめます。片手を離して地面に字を書いたり，慣れてきたら隣の友達とコウモリじゃんけんをしたりして少しずつ逆さ感覚を身につけていきます。さらに慣れていくと，子どもたちはコウモリになって体を前後に振るようになります。だんだん振れ幅を大きくしたくなるのは，遊びに夢中になっている証です。公園のブランコでも，子どもたちは少しずつ振れ幅を大きくして楽しんでいくものです。

　コウモリ振りの場合，仲間に押してもらったり，両手で立っている仲間にタッチしたりすることでだんだん振れ幅を広げていくことができます。胸が下方に向いている状態で振れ幅が最高地点に達したときに膝を離すと，そのまま立ち上がることができます。これがコウモリ振り降りです。膝を離すタイミングが難しいのです。早すぎたり遅すぎたりすると，しっかり立つことができません。ここで，最高地点に頭が達するほんの少し前に「はい！」などと仲間が声をかけてあげている光景が見られます。これもかかわりです。このように，体育学習では，できるようになるための補助やサポートという形で，かかわりは実現します。

実は，コウモリ振り降りで大きな振れ幅をつくりだすには，ある技術が必要です。うまくできている子どもをモデルにしてみんなで観察します。そうすると，振れ幅が大きくなってくると，振り切る直前にあごを少し引き，戻るときに頭を大きく放り出すような動きをしていることに気づいていきます。こうした技術は，「動きの先取り」と呼ばれます。

　さらに上手にできる子どものコウモリ振りを横からよく見ると，頭が行ったり来たりするのではなく，∞のような動きになっていることを見つけ合います。ICT機器を活用して，横から撮影した映像をスローモーションで見るとよりそれがわかります。そのことをつかむと，子どもたちは再び鉄棒にぶら下がり，「頭がそうなっているか見ていて！」と仲間に見てもらうようになります。こうした姿は，技術をみんなで見つけ，試し，お互いに見合って教え合うというかかわりです。ただ単に一緒に活動したりアドバイスし合ったりすることを超えた，「技術を媒介にしたコミュニケーション」といえるでしょう。こうして大きな振りをつくりだせるようになっていくと，コウモリ振り降りは簡単にできるようになります。

　このようにかかわり合いながら学ぶ姿は，今日でいえば「対話的な学び」の姿だといえるのではないでしょうか。他者とともにできるようになっていく，わかるようになっていくという学びを展開していきましょう。

## かかわる必然性をつくる

　かかわりというと，子どもたちが話し合っている場面やお互いの技や動きを見合っている場面を想像しがちですが，それだけではありません。ネット型ゲームなどでは，ボールを落とさないように動き回っている子どもたちをよく見ていると，身振り手振りでポジションを示したり，空いている場所に移動するように声をかけたりといったやりとりをしています。こうした状況も，子どもたち同士がかかわり合っているといえます。ゲームに出ていない子どもが応援したり指示をしたりするのもかかわりです。ゲームに必死にな

ればなるほど，子どもたちはかかわらざるを得ない状況になるのだと思います。つまり，かかわらせるために授業をするのではなく，運動に没入していけばお互いに声をかけ合い，ともにがんばるようになるのです。体育のよさは，こういうところにもあるのでしょう。

　また，かかわる必然性が含まれている教材もあります。マット運動は，基本的には個人で行うものですが，「集団マット」や「シンクロマット」と呼ばれている実践があります。単技や連続技を一緒にやったりずらしてやったりします。2人組から少しずつ人数を増やしていき，グループで作品をつくることも可能です。

　学習の目標は，「仲間と協働して動きを創造し，作品として創りあげていく」ことです。子どもたちは，どのように動いたらおもしろいか考えていくことでしょう。学習内容は，マットの面をどのように使うか，どのように動いて演技を構成するかということです。ゆっくり動いたり素早く動いたりといった「緩急」，小さく回ったり大きく回ったりという「大小」，前転で低く回りその後ホップを入れた側方倒立回転で大きく回る「高低」など，構成を考え工夫することを期待します。

　ずらしたりそろえたりするときのタイミングをどうとるのか，その際の合図はどのようにするのかなど，合意形成していく姿も見られます。「これがいい」と思い込んでいた子どもが，他の子どものアイデアを聞いて試してみて「この方がおもしろい」と気づいていくなど，かかわり合いなくしては実現しないのです。「技や動きができた」で終わりではなく，「もっと美しく仕上げたい」「さらにダイナミックにしてみたい」という切実性が高まると，子どもたちは一層かかわるようになるものです。

　体育科は技能教科ですから，「できる―できない」がはっきりしています。さらに，身体表現であるため苦手意識につながり体育嫌いを引き起こす危険性もあります。しかし，仲間とともに対話を通して思考・判断・表現しながら課題解決学習に子どもたちが夢中になって取り組んでいくと，課題が達成され運動することが大好きな子どもになっていくと思います。

# 便利グッズを用意しよう

□毎回使うものはセットにしておこう
□日用品も工夫次第で使い道はたくさんある
□学校の体育予算を有効に使おう

　体育の授業を行う際には，たくさんの用具が必要です。領域によって使用する用具は違います。しかし，どの授業でも使用できるような「便利グッズ」を用意しておくと，効率化にもつながりますし，子どもたちが学びやすくなり，いわゆる「ユニバーサルデザイン」を加味した授業が実現します。本項では，体育の授業であると便利なグッズを紹介していきます。

## 体育授業必携品

　体育の授業は校庭か体育館で行います。教室には教卓や棚があり，授業に必要なものはすぐに手に取ることができますが，体育の場合はそうはいきません。効率よく授業を進めていくために必要なものはまとめておき，体育の授業の際には毎回持参するとよい場合があります。もちろん，これらにこだわる必要はなく，授業内容や領域に応じて臨機応変に準備できればそれに越したことはありませんが，必携品として整理してみたいと思います。

### ❶子どもの動きを記録できる媒体を準備しよう

　体育の授業では，評価に難しさを感じる教師は多いものです。特に，知識・技能の「技能」評価は，事実に基づき行いたいものですし，可能であれ

ば「変容」をつかんでいきたいものです。そのために，子どもの動きを撮影できるタブレットやスマートフォンを用意しておくとよいです。個人所有のものを使用するには制限がある学校もあると聞きますので，管理職との相談が必要ですが，現在は簡便に録画ができる時代です。ポートフォリオとして有効に活用しましょう。評価だけでなく，技術の仕組みやポイントを確認したり発見したりする際の資料としても活用できます。

## ❷リズム太鼓の使い道は応用自在

リズム太鼓の用途はたくさんあります。拍子をとったりリズムを刻んだりするだけでなく，集合の合図や注目の合図にも使えます。同じたたき方ではなく，強弱をつけたりふちをたたいたりすることで，動きを引き出すこともできます。合図の場合は，回数で約束を決めておくのも効果的です。タンバリンでもよいですが，体育用のリズム太鼓が市販されていますので，学校予算で購入するとよいです。リズム太鼓1つで様々な使い道があります。

## ❸ホイッスル

ホイッスルは必携品の1つではありますが，使いすぎはかえって効果がありません。第一の目的は，子どもの安全を守るためのものであり，注意喚起に使うものです。昔は，体育の授業をする際の教師の代名詞のような存在でしたし，便利であることはたしかです。しかし，その音色は注意喚起には適しているものの，リズムをとるときなどは，ホイッスルよりもリズム太鼓の方が効果的です。

## ❹マーカーコーン

踏んでも大丈夫なマーカーコーンは，とても便利です。スタートやゴールの目印，コートの外枠，コースづくりなど，ありとあらゆる目印として大活躍です。風で飛ばされることもまずありません。学校で共有する場合が多いですが，私は小学校の教員の頃は「マイ・マーカーコーン」を20個ほどそろ

えて授業の際には常に持ち運んでいました。カラーも豊富ですので，4色×5枚程度そろえておくと，さらに工夫が広がります。

### ❺便利グッズはかごに入れてひとまとめ

　スーパーマーケットで使う買い物用のかごは便利です。体育用具としても市販されています。チームの数だけそろえておき，ビブスや学習カード，筆記具を入れて教室の棚などに置いておきます。授業の際には，子どもが自分たちで持っていくように約束を決めておくとよいです。1つは教師用として，❶～❹などの必携品を入れておくと持ち運びに便利です。

## その他の便利グッズ

　毎回の授業では使用しないかもしれませんが，以下に紹介するグッズは，まさに汎用性の高い，あると便利なものです。子どもに課題を考えさせたり，見つけたコツを共有したりするときに，言葉だけでなく，教室と同じように「書く」「記録する」ということも必要です。そうした学習環境づくりも教師にとっては大事な仕事の1つです。

### ❶ホワイトボードを積極的に使おう

　体育の授業の際には，教室での授業と同じようにホワイトボードや黒板を使うと効果が上がります。移動式のものを用意して使用するとよいです。体育館では，状況が許せば壁面にホワイトボードを設置しておくと，運ぶ手間がいりません。毎時間使う「今日のめあて」や「課題」「振り返り」などは，厚手の画用紙に書いて板磁石をつけてホワイトボードに貼れるようにしておくと便利です。また，授業の流れを書いたものを貼っておくと子どもは学習の見通しが立ちますし，自主的に活動するための手立てにもなります。ホワイトボードに子どもの考えや出てきたアイデアを書いて共有することで，知識の定着にもつながります。

## ❷ゴムひもは万能

　ゴムひもを2～3mの長さに切っておくと，使い道がたくさんあります。跳の運動遊び，走り高跳びでバーの代わりにすると，子どもは安心して跳び越えようとします。側方倒立回転の際に，膝を伸ばして回転するときの目安として使用することもできます。高い所にゴムひもをセットし，回転するときに足が引っかかることを目指します。引っかかったら少しずつ高くしていくと，膝がだんだん伸びていきます。蜘蛛の巣のようにゴムひもを張り巡らせて，引っかからないように移動することにチャレンジするなど，体つくり運動の多様な動きづくりの場としても使えます。ゴムひもに鈴をつけておき，引っかかると鳴るようにしておくような工夫も考えられます。体育の授業において，ゴムひもは万能です。子どもが持つ場合は，安全に気をつけさせ，手から簡単に離れないよう，輪をつくり，手首にかけてから持たせるなどの手立てを講じるとよいです。

## ❸手形・足形カードをつくっておこう

　厚紙や工作用紙で，手形・足形をつくっておくと，様々な授業で使えます。跳び箱の踏み切り，着手，着地の位置に置くと可視化されます。走り高跳びの踏み切り足の位置をたしかめる際にも使用できます。側方倒立回転は，「足，手，手，足，足」の順にマットについていきますが，美しい側方倒立回転をする子どもの軌跡は，一直線上になります。それを，手形・足形カードを置いてたしかめたり，自分の軌跡を仲間に見ていてもらい，カードを置いてもらって事実をたしかめたりと，分析に使うことも可能です。

## ❹ Bluetooth スピーカー

　準備運動や整理運動の際に BGM を流すなど，授業中に音楽を使う場合も多いでしょう。Bluetooth スピーカーを使用し，教師が手元で端末を操作して音楽を流せる時代です。スピーカーもそれほど高額ではないので，学校の体育予算で計画的に購入してシェアすると便利です。

# チームづくりのコツを知ろう

□学習のねらいに応じたチームづくりをしよう
□領域や学年，時期によっても方法は変わる
□子どもと相談して決めてみよう

## チームは学習のねらいに応じて決める

　体育の学習は基本的にグループ学習です。どの領域でも，個で学ぶのではなく，グループやチームをつくって活動します。子どもたちにとっては，どのようなチームで活動するのかは関心のあることです。「好きな者同士で組みたい」と思うのが本音でしょう。しかし，本来いろいろな仲間と学び合うことが目的です。子どもたちにもチームをつくる際に意図やねらいを話し，それぞれが協力し合ってよいチームにしていくことを押さえることが大事です。

### ❶ゲーム・ボール運動の場合

　この領域は，勝敗が明確になるため，力量が均等になるようにチームをつくることが理想です。これがなかなか難しく，子どもたちの得意不得意を考慮してチームを組んだつもりでも，実際にゲームがはじまると様々なドラマが起こるものです。チームの雰囲気は，授業を通してつくられていくものでもあるため，やってみないとどうなるかわかりません。しかし，チームワークをつくりあげていくことや，協力して学習していくこと自体が学習の対象

でもあります。負けが込んでいるチームには，教師が積極的にかかわって士気を高めたり励ましたりしていけばよいのです。もちろん，子どもにゆだねられればそれに越したことはありません。ただし，あまりにも力の差が出てしまうようであれば，効果的な学習が期待できないこともあります。その場合は，途中でチームを組み替えることを子どもたちに提案して合意形成していってもよいです。

## ❷器械運動の場合

鉄棒，マット，跳び箱の各運動は，個人で取り組むことが前提です。そして，「できる」「できない」がはっきりします。教え合い，かかわり合ってグループで活動していくことが求められます。意図的に，運動技能が高い子ども，普通の子ども，低い子どもが同じチーム内にいるように組んで，みんなでできるようになることを目指すことも考えられます。また，教室などでも使う生活班（給食を一緒に食べたり掃除を一緒にしたりする班）をそのまま使うことも可能です。運動技能を媒介にしてコミュニケーションをとり合いながら，みんなでわかる，できる，かかわることを目指していけばよいのです。教師がその授業，単元で何を目指すかによって，どのようなグループをつくるかが明確になるはずです。

## ❸陸上運動（リレー）の場合

クラスを6チーム程度に分けてリレーの学習をする場合は，チームづくりの方針は明確です。「走る力が同じチームを6つつくりたい」と子どもたちも答えるはずです。「結果の未確実性」の中で競うのがおもしろいわけですから，できるだけ均等なチームをつくりたいという願いは，ゲーム・ボール運動の場合と同じです。リレーに必要な「走力」は，「50m走のタイム」などの数値化された基準で見ることもできます。それを用いれば，チームの総タイムや平均タイムが均等になるようにすることは可能です。同時にスタートすれば，転倒などがない限り理論上は一緒にゴールになるはずです。

しかし，実際はそうはなりません。子どもは毎回同じ走力では走れないということもありますが，ここで気づかせたいのは「バトンパスワーク」に秘密がある，ということです。スピードを落とさずにバトンを渡し合えれば勝てる，ということを共有し，工夫して練習したり作戦を立てたりして理想に近づけることを確認していくと，リレーの学習は盛り上がります。「前の走者がどの辺りにきたときにリードをはじめると，スムーズなバトンパスができるか」とか，「確実にバトンパスをするためには，どのようにすればよいか」ということが，学習内容になっていくのです。このような場合，高学年であれば，50m走のタイムなどのデータから，子どもがチームをつくっていくことも可能でしょう。算数の「平均」の学習と合わせてするような工夫も考えられます。ただし，タイムが遅い子どもへの配慮は必要です。

## ■ チームやグループは誰がつくるのか？

　チームは，教師がつくるのか，子どもがつくるのか，という問いもあります。明確に「こちらがよい」というものではありません。先述の通り，大事なのは授業のねらいからどのようなチームをつくることを想定するのか，ということです。その上で，教師がすべきであれば教師が，子どもにゆだねることが可能であれば子どもにやらせてみるという選択でよいと思います。
　発達段階によっても違うでしょうし，1年間の中で，はじめは教師が行い，状況を見て，徐々に子どもにゆだねていくこともできるでしょう。また，チームの決め方を教師が決めるのではなく，子どもと相談して決めていってもよいと思います。「自分たちで決めたい」という場合もあるでしょうし，「先生に任せていい」という場合もあるでしょう。どちらにせよ，決まったからにはそのチームでがんばる，協力する，という姿勢が大事であることを一人ひとりが納得し，理解するように支えていきましょう。子どもとともに「どのようにチームをつくるのか」ということを決めていくことで，責任感も生まれると思います。チームづくりは難しいですが，つくった後に子どもたち

がどのようなチームにしていくか，ということに教師が注目していくことが肝心です。

## チームづくりの方法

ここでは，ゲーム・ボール運動領域におけるチームづくりに焦点化して考えていきます。教師がつくる場合は，一人ひとりの運動経験やその時点での運動技能を把握しておく必要があります。クラス替えをしてはじめてのゲーム・ボール運動の授業の場合は，習いごとなどでの経験や，子どもの実態を前年度の担任から聞き取って情報を集めます。子どもたちに聞いてみるのも手です。

子どもたちにチーム決めを任せる場合は，すべてをゆだねるのではなく，どのようなプロセスで決めるかは教師が見通しておかねばなりません。全員が参加する場でキャプテンなどが選んでいくような方法をとる場合は，嫌な思いをする子どもが出る可能性があります。普段から仲良しな子どもたちが同じチームにかたまってしまうことも想定されます。例えば，キャプテンを集め，教師と相談しながら決めていくようなことも考えられます。ランダムに分けてみて，チームに偏りがないかについて意見を出し合って調整していくようなこともあるでしょう。ただし，このような決め方は，親和的な雰囲気がクラスの中に醸成されていることが前提になる部分もあります。こうしたところも，体育の授業と学級経営が相互に関連するといわれる理由の1つといえます。

## 「できた」「わかった」と 子どもが思えるために

□「学び」について考えよう

□「できる」と「わかる」の関係を問い直そう

□「運動技術」と「運動技能」を区別して捉えよう

### 学びとは何か？

　体育の学習は，身体活動です。体を思いっきり動かすことが前提であり，その結果，運動することが好きになり，生涯スポーツにつなげていくことが大きな目的といえます。子どもの頃に運動することが好きだった場合，大人になってからも運動することに前向きになるといわれます。運動することは，それ自体が楽しいことですし，仲間や個人でスポーツを楽しむことは，文化的で豊かな人生を送る上で大切な要素の1つといえます。大人になってから適度な運動をすることで，健康的に生活することが可能になります。小学校においては，まず運動に親しむことを大切にし，楽しく運動できるようにしていくことを目指します。

　一方で，体育は技能教科ですので「できる」かどうか，ということも子どもにとっては大きな関心事です。技能を身につけて，よりよく動けるようになることも子どもたちにとっては大事なことです。

　ところで，「できる」ようになるためには，何が必要でしょうか。

　「できる」ためには練習が必要であり，反復練習をすることで定着すると思いがちです。もちろん，その通りである部分もたくさんあります。しかし，

「できる」ことのみを目指し，練習を繰り返すような状況は，学校で体育を学ぶこととは少し違います。トレーニングのようなものです。

　学校では，トレーニングではなくラーニングであるべきです。教師が一方的に指導するのではなく，子どもが楽しみながら，上手にするための方法や技術を知り，主体的に学んでいきたい，と思うような状況をつくっていく必要があります。そして，学びとは「変容」と「連続性」があるものです。マット運動の技が「できるようになる」と，子どもたちは夢中になります。しかし，「できた」で終わりではありません。「より美しく」「よりダイナミックに」表現できることを求めるようになります。学びの原動力となるのが「切実性」です。「こうなりたい」という思いを引き出していく力も教師には必要です。

## ■ 「できる」と「わかる」

　「できる」ためには「わかる」ことも必要です。自分の動きがどうなっているか，どうしたらできるようになるのかを「わかってできる子ども」がいます。中には，「できるけれどわからない子ども」もいますし，「できないけれどわかる子ども」もいるでしょう。「できる」ことと「わかる」ことは，相互に補完し合うものです。小学校の体育の学習では，「できてわかる」「わかってできる」を目指していくべきです。順序はともかく，その結果，「わかる」と「できる」が結びついていけばよいのです。

　さて，「わかる」とはどういうことでしょうか。運動をしているときには，「どうしてできるのか」についてはあまり考えないことが多いものです。しかし，例えば「できない」状態から技術や戦術という「知識」を「理解」することで「できる」ようになることがあります。ボールゲームで，ボールを持っていないときにどこに動いてよいかわからなければ，動きようがありません。

　例えば，セストボールというゲーム教材で考えてみます。セストボールは，

かご状のゴールにボールを入れて得
点を競うゲームです。攻めと守りが
入り交じるゲーム様相です。パスの
みでボールを進め，シュート空間は
360°あります。3人対3人や，4人
対4人で対戦します。相手より多く
得点するために，「作戦を考えよう」
という課題をつくることがあります。
作戦の意味が曖昧だと，「とにかく
がんばる」などのスローガンのよう
なものを考えるチームが出てきます。

「どんな場面でシュートをすることができたかな？」という発問を教師がす
ると，子どもは「ゴールの近く」で「ノーマークのとき」がシュートチャン
スであることに気づきます。この状況を，偶然ではなく意図的につくること
を「作戦」と呼ぼうと定義すると，子どもたちは作戦づくりに向かうように
なります。

　まず子どもたちは，1人だけ守りをしないでゴール前で待ち伏せするよう
な作戦を考えます。ボールが自分たちのチームに渡ったら，ゴール前のその
子にパスをしてシュートにつなぐのです。この作戦は，相手がマークをつけ
るようになるといきづまります。

　そうなると，ゴールの向こうにいる仲間に山なりパスやバウンドパスをし
て，シュートにつなげる作戦が有効になります。ゴールの対角にいる仲間に
マークがつくようになると，マーク外しが必要になります。動いた仲間にパ
スを出し，シュートにつなげるのです。先ほどまでの作戦が点から点へのパ
スだったのに対し，この作戦は点から空間へのパス，ということになります。
そして，中盤でパスが出せない状況のときに，空いているスペースにパスを
出し，そこに走り込んでボールを受けてシュートにつなげるような作戦も出
てくるようになります。

このように，どこにパスを出したらよいか，どこに動いたらパスがもらえるか，そしてシュートにつなげるか，ということが「わかる」と，動けるようになってきます。意思決定をしたり，コンビネーションで動いたりする際には，お互いに「わかってできる」状況になっていることが大事です。これが，体育学習における「わかる」ということです。

## 運動技術と運動技能

新学習指導要領では，３つの資質・能力の育成が大事にされます。３つの資質・能力とは，(1)知識及び技能，(2)思考力・判断力・表現力等，(3)学びに向かう力・人間性等とされています。「わかる」ためには，認知学習が必要です。その対象は知識であり，知識を活用できるようにしっかりと理解している状態は，技能につながっていきます。体育でいえば，身体技能を高めるために，知識をしっかり理解することが大事であり，その知識が運動技術や戦術ということになります。

ここで，「運動技術」と「運動技能」についてもふれておきます。混同して使われる場合もありますが，定義は別のものです。「運動技術」は，特定の運動課題を効果的に遂行するための合理的かつ効率的運動の実施方法のことです。「運動技術」は，創意工夫や用具の開発，研究成果によって進歩発展するものであり，人類が創りあげてきた知識や文化です。これは，「わかる」という形で習得することができます。そして，理解した技術が「できる」という形で習得された能力を「運動技能」と呼びます。運動技能には個人差があります。また，伸びていくもの，変容するものです。つまり，運動技術を身につけるプロセスが運動学習です。動きとして身についた能力が運動技能なのです。低学年の場合はともかく，４年生くらいからの体育学習では，どうやったらその運動がうまくできるかという運動技術をしっかりと押さえて目標を立て，効率的に取り組んでいくことを通して運動技能を伸ばしていくことが大切です。

# 「かかわり」の中で学べるように

☐対話的な学びを実現させよう
☐他者とともに学ぶ意味を再確認しよう
☐「かかわり」の中で学ぶ子どもたちの姿をイメージしよう

## 「できる・わかる・かかわる」体育学習

　前項では，「できる」と「わかる」の関連について考えてきました。そうした体育学習を目指すとき，もう１つ大事な視点があります。「かかわり」の中で学べるようにすることです。４日目の「かかわり合いながら学習しよう」でもくわしく述べてきた通り，仲間とかかわり合うことで学びが深まります。自分ひとりでは解決できない課題でも，仲間と知恵を出し合い，教え合い，声をかけ合いながらともに学ぶことで解決に至ることは多いものです。自分の見えている世界を広げ，開いてくれるのが仲間である他者の存在です。

## 対話的な学び

　新学習指導要領では，「対話的な学び」がキーワードの１つとなっています。体育学習における「対話的な学び」とは，「運動や健康についての課題の解決に向けて，児童が他者（書物等を含む）との対話を通して，自己の思考を広げたり深めたりし，課題の解決を目指して，協働的な学習に取り組むなどの対話的な学びを促すこと」です。かかわり合って学ぶことで，対話的

な学びが実現すると考えられます。

　小学校5年生の「台上前転」の実践を紹介します。準備運動，逆さ感覚や腕支持感覚などを育む感覚づくりの運動の後，子どもは自身の課題に基づき，「踏み切り場面追究グループ」「回転場面追究グループ」「着地場面追究グループ」に分かれ，コツを見つけ合うグループ学習に入っていきました。Aさんは，5段の跳び箱で「なめらかな台上前転」をすることを課題にしていました。着手後にまず頭頂部が跳び箱についてしまうため，後頭部から首，背中という順次接触が見られません。そのため，倒れ込むような着地になってしまっている状況でした。

　グループの仲間は，「腕で支えた後，頭を丸め込んで回転に入るといい」とAさんにアドバイスをします。Aさんは，頭を巻き込むために「腰を高く上げること」が必要であることに気づきます。そのために強い踏み切りをすることを課題にしました。そして，少しずつ順次接触が実現し，なめらかな回転ができるようになっていったのです。後半，Aさんは，同じグループのBくんが，踏み切りをして着手した後，うまく回転できない状況に気づきます。踏み切りの直前で助走のスピードが落ちてしまい，着手後に腰を高く上

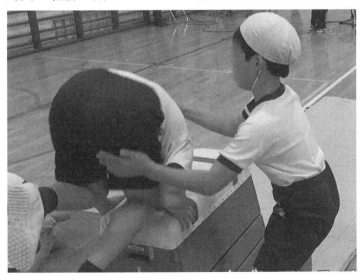

げるところでさらに勢いが落ち，回転までつながりません。

　Aさんは，助走のスピードが落ちはじめる場所を示し，「もうちょっとスピードを落とさず行ってごらん」「おしりをもっと高く」「もっとグゥンと」とアドバイスします。Bくんはそれに応え，少しずつ踏み切りが強くなり，腰の位置も高くなっていきました。しかし，なかなか回転につながりません。Bくんが次の試技に入ろうとしたとき，2人のやりとりを近くで見ていた同じグループのCくんが立ち上がり言葉を発しました。「ちょっと待って，Bくん，1回近いところからやってみて。ビビッているのかもしれない」。Cくんの言葉を聞いたAさんは，Bくんに提案します。「じゃあBくん，あそこの4段が空いているから，4段でやろう」。グループ全員が隣の4段の跳び箱の場に移動しました。Bくんが助走に入ります。全員が見つめます。「ドン」という大きな踏み切り音の後，腰が高く上がり，そして，なめらかに回転しながら着地しました。成功です。子どもたちから歓声が上がります。

## 他者とともに学ぶ

　もう少しくわしく解釈してみます。Aさんは，はじめBくんのつまずきのポイントを「腰が高く上がらないので回れない」と考えていました。さらに，スピードが落ちはじめる場所を示し，「踏み切って思いっきりジャンプするの。ここからスピードを落とさず思いっきりきていいよ」と修正を求めました。

　それでも，Bくんはなかなか自力で回転することができない状況でしたが，Cくんの発言で事態は急展開しました。Cくんの言葉を聞いたAさんは，今までの自分のアドバイスを大きく修正しました。Bくんのつまずきを，はじめは「助走のスピードが原因で腰が上がらないから」だと考えていたAさんは，この言葉によって「腰を高く上げられないのは，跳び箱の高さに原因があるからではないか」と瞬時に考えついたのだと思われます。

　そして，「1段低い場で跳んだら回れるのではないか」と考え，Bくんに

移動を提案したのでしょう。その結果，Bくんは台上で回転することに成功しました。このような場面においては，教師が気づいてアドバイスや指導をすればすぐに解決できるという考え方もあると思います。しかし，このプロセスのように，自身のめあて達成だけでなく他者のつまずきや思いを共有し，さらに別の他者と対話し，対立したり葛藤したり共感したりしながら解決に向かう姿が協働的な学びです。「できる・わかる・かかわる」姿が実現していたといえます。台上前転を成功させたBくんを見て，そのグループの仲間は自分事のように喜びました。

## かかわりの中で学ぶ

　このような姿をもたらした要因は，「台上でスムーズに回転するためにはどうするか」という共通の課題をもった者同士がお互いの技を見合い，自身のつまずきも考えながらアドバイスし合うという「当事者性」をもちあわせていたことにあると思います。

　この授業の振り返り場面で，Aさんは今日発見したことを「転がる前に思いっきり踏み切り板でジャンプをして腰の位置を高くすること」だと述べていました。さらに，「何段の跳び箱を使えばいいか考えた」と振り返っています。「強く踏み切ること」と，それを実現するためには，「適した高さの跳び箱を選択すること」が必要であると，他者とともに学んでいったのでしょう。うまく回転できなかったBくんにかかわりながら，Cくんから得た新視点を取り入れ，自身の考えを修正し，そしてBくんの成功を喜びながら，自身の台上前転にも生かしていった姿は，かかわりの中で学ぶ姿だといえるでしょう。なにより，当事者意識をもって学んでいるからこそ，それが実現したのです。

# 運動の手本は教師が見せるべきか

□手本ができないよりはできた方がよい
□できなくても教材研究で技術の仕組みは勉強しよう
□実技研修会に参加しよう

## 動きを実際にやってみることの価値

　授業においてよい動きのお手本は，上手な子どもにやってもらえばよいです。しかし，体育は身体活動を伴う実技教科ですから，動きの見本ややり方を教師が見せてあげたいと思う方も多いことでしょう。小学校で扱う技や基本的な動きは，実技研修会などを通して，ある程度できるようになっておくことが望ましいです。実際に指導をするときには，やり方がわかって実技ができる方が，子どものつまずきのポイントがわかったり，その解決方法を示して気づかせたりできるものです。うまくできなくても，難しさを感じられたり，安全に配慮できるようになったりしますので，取り組んでみることに価値があります。

　できれば教師も子どもたちと一緒に運動をできる方がよいと思っています。実際にやってみると意外と簡単にできるようになるかもしれません。子どもの頃はできなかったはずなのに，大人になってやってみたらできるようになっていた，ということもあるかもしれません。小学校で扱う運動は，それほど技術を必要とするものばかりではありません。

　すべてではないにしろ，いくつかはできるようになっておくとよいです。

「体育は苦手だから……」という方もいると思いますが,「算数が苦手だから……」とは言えないはずです。体育も算数と同じ教科です。小学校全科の教員免許状をもっているということは,体育を教えられる資格ももっているということです。

## できなくても教材研究でカバーしよう

そうはいっても中には運動が苦手な教師もいるでしょうし,様々な状況で実技をすることができないこともあるでしょう。授業での上手なお手本は,上手な子どもにやってもらえばよいのです。運動ができれば教えられるか,というと決してそうではありません。教師が運動できることと,子どもに教えること,学ばせることは違います。大事なことは手本を見せられるかどうかではなく,教師が技術のことをよく知っているかどうか,ということになります。これは子どもに任せるわけにはいきません。

例えば,跳び箱の開脚跳びはどうしたらできるようになるのか,ということをしっかりと教師が技術認識することが大事なのです。技術認識することは,教材研究によって実現します。ベテランの先生で,実技を示したり自らつまずきの例を示したりすることはできなくても,言葉かけや声かけで子どもをみるみるうまくしていくような先生はたくさんいます。

その先生は,決してその場の感覚や雰囲気で声かけをしているわけではなく,技術をよく知っているから,そのような指導ができるのです。子どもの前で教師が手本を見せられなくても,教材研究によってカバーできる部分はたくさんあります。

## 実技研修会に参加しよう

しかしながら,副読本や指導書を参考にしながら教材研究をする際にイメージがわかないこともあります。現代は,体育の授業づくりのためのDVD

やインターネット上の動画などによって視覚的に理解できる環境は整っていますが，やはり自身の体で「やってみる」ことでわかることは多いものです。特に，ゲーム・ボール運動領域においては，ゲーム開発，教材開発が盛んで多様化しています。ルールやコート，実際の動きなどは，実技研修会に参加することで体感しながら学ぶことができます。体育で扱う実技を自身でもできるようになりたいと考えた場合，最も効果的なのが実技研修会への参加です。

　体育の授業では，子どもたちに運動のいろいろな楽しみ方を味わわせる必要があります。加えて，多くの教師は，子どもたちを「できるようにさせたい」と願っています。「有効な言葉かけ」や「運動のコツや技術の仕組み」「子どもの演技やパフォーマンスを観る視点」を知り，「どうしたらできるようにさせられるのか」といった指導方法を学ぶことを目的として実技研修会に参加する教師は大変多いです。

　専門性の高い指導講師からの提供や伝達に加え，参加している教師がそれぞれもっている指導技術や方法を交流したり共有したりするような場面も期待されます。教師が「やってみる」ことを通して，指導方法を身につけていくことが実現します。

## 子どもが取り組む運動に興味をもとう

　小学校5年生の研究授業で，跳び箱の閉脚跳び（抱え込み跳び）を紹介する場面がありました。授業者の女性の教師は，閉脚跳びが苦手でした。しかし，副読本や指導書で閉脚跳びの技術分析をし，体育館で同僚の先生に教えてもらい，できるようになったのです。学校内における自発的な実技研修会において実現したのです。

　子どもたちを集め，子どもたちに，先生は語ります。

　「先生たちも，夕方体育館で閉脚跳びをやってみたんだ。私は，はじめはできなかったけれど，みんなと同じように練習しました。そのとき踏み切り

が本当に大事だってわかったの。だからしっかりと，勢いよく，ドンッて音がするか見てね。やってみる。失敗するかも……。はじめます」

　子どもたちは身を乗り出します。先生は大きく深呼吸して助走をはじめました。「ドン！」大きな踏み切りの音の後，きれいな閉脚跳びが成功しました。「わー，すごい！」子どもたちから拍手が起きます。着地をきめた授業者は，安堵とうれしさの混ざった表情で再び子どもたちに向かい，一人ひとりを見つめながら「みんなも踏み切りを意識しながら挑戦してみよう」と投げかけました。

　体育館には，その先生が自身の練習で試したスモールステップの場が子どものためにたくさん用意されていました。その先生は，できない子の気持ちもわかるでしょう。そして，自身で体感した，跳べるようになった喜びやうれしさを子どもにも味わわせたいと思いながら，声かけや言葉かけをたくさんしていく姿が見られました。

　子どもたちが取り組む技や動きをやってみたり，動きや技術の仕組みを教材研究したりして，当事者意識をもって体育の授業に臨んでほしいと思います。

## 授業中の教師の役割について考えよう

# 教師の4大行動とは

□体育授業における教師の4大行動の種類を理解する
□体育授業の主要な4つの場面について理解する
□教師の4大行動と体育授業の主要な4つの場面の関係について学ぶ

## 体育授業における教師の4大行動の種類

　1章でも簡単にふれましたが，再度くわしく解説します。原理・原則を知ることは，土台を築く上でとても重要なことです。よい体育授業の実現には，教師の意図的・計画的な指導行動が大きく影響します。それは，いくら目標が明確に設定され，よい授業計画，よい教材がそろっても，その授業で達成したい目標に子どもを教え導くのは，結局，教師であるためです。

　体育授業における教師の指導行動は，①インストラクション，②マネジメント，③観察，④相互作用の4つに大別され，教師の4大行動といわれています（高橋，2010）。

　第一に，インストラクションとは，直接的指導や学習指導といわれることもありますが，教師の子どもに対する説明，演示などの行動のことです。つまり，教師が授業の導入段階や整理段階において子どもを集合させて，課題を提示したり，本時の振り返りをしたりする行動のことです。また，授業の展開場面（1単位時間の授業中盤）において，運動学習を中断し，デモンストレーションなどを通じて技術的ポイントを確認する行動もインストラクションに区分できます。

第二に，マネジメントとは，体育授業における管理的行動を意味します。例えば，教師自身がラインを引く，場を設定するなどの，準備・片づけや，集合・整頓・列の増減の指示など，直接学習成果に関係しない場面を管理する行動のことです。

　第三に，観察とは，モニタリングや巡視と呼ばれることもありますが，子どもの学習活動などを観察する行動です。観察は，運動学習の場面だけでなく，安全面について学習環境を観察したり，学習カードを記入している場面を観察したりする行動も含みます。

　最後に，相互作用とは，インターアクションと呼ばれますが，教師の子どもに対する声かけです。この相互作用の中には，子どもの運動学習に対するフィードバック（称賛・助言など）はもちろん，発問・受理などの教師と子どもの双方向的な対話も含まれています。

　学習成果を生み出すためのよい体育授業を実現するためには，上記の体育授業における教師の4大行動を意図的・計画的に発揮していく必要があります。簡潔にポイントを解説すると，4大行動の中でもインストラクションやマネジメントの行動を少なくし，観察をしながらの相互作用行動を多くすることが求められます。このような体育授業における教師の4大行動は，「体育授業の主要な4つの場面」とのつながりを意識する必要があります。

## 体育授業の主要な4つの場面

　体育の授業を客観的に観察すると，①インストラクション場面，②認知学習場面，③運動学習場面，④マネジメント場面の主要な4つの場面に区分することができます（高橋，2010）。

　①インストラクション場面とは，教師の4大行動の1つでもありますが，教師の子どもに対する説明や指示の場面です。インストラクション場面は授業の導入・展開・整理の各段階で必要になりますが，これらのインストラクション場面の時間の合計は，授業全体の時間のおよそ20％未満に抑える必要

があります。つまり，１単位時間が45分だとすると９分未満です。教師の説明や指示の頻度や時間が長すぎると子どもの学習意欲を低下させ，学習の勢いを止めてしまいます。ただし，１時間目は説明や約束の確認などが必要ですので，ある程度の時間がかかります。なお，インストラクション場面における重要なポイントについては次の項でくわしく解説していきます。

　②認知学習場面とは，子ども同士で話し合いをしている場面や，子どもが学習カードに記入しているような認知的な学習をしている場面のことです。認知学習場面は，頻度や時間が長すぎると体育授業で中核となるべき運動学習場面の時間が削られてしまいます。しかし，体育授業では，単に「できる」ことのみを求めるのではなく，「できる」ことにかかわって「わかる」「考える」「工夫する」などといった力を子どもに確実に保障していく必要があります。したがって，認知学習場面は，体育授業で育成することが求められている資質・能力のうち，知識及び技能における「知識」や「思考力・判断力・表現力等」の学びを促すために重要な時間となります。認知学習場面の時間の合計は，授業全体の時間のおよそ10%台を確保できるとよいでしょう。つまり，１単位時間が45分だとすると４分30秒から８分台が目安になります。なお，認知学習場面では，どのような学習カードを用いて，どのように指導・評価していくべきかが問われることになります。この点については，「７日目　評価の仕方を知ろう」でくわしく解説していきます。

　③運動学習場面とは，準備運動や整理運動も含め，子どもが体育授業で運動を実施している場面のことです。体育授業は，運動学習場面が中心となりますので，授業全体の時間のおよそ50〜60%以上確保する必要があります。つまり，１単位時間が45分だとすると22分30秒〜27分以上です。しかし，運動学習場面は，体力向上を目的として，単に「運動量」を増やせばよいということではありません。主運動（例えば，ボール運動であればゲーム場面）にかかわらない一過性の体力向上策としての運動量重視の授業では，逆に体育嫌いを生み出してしまう可能性があります。子どもが高く評価する授業とは，単なる「運動量」ではなく，主体的に主運動の学習にかかわることがで

きる豊かな「運動学習」の時間が確保される授業です（高橋，2010）。

　また，運動学習場面では，「学習の密度」も考慮する必要があります。例えば，30人学級におけるゲーム領域のゴール型ゲームのポートボールの授業の場合，１コートだけ設定し，ゲームを実施しているのは３人対３人の合計６人で，残りの24人は見学しているだけという状況では学習の密度が低く，効果的な学習にはつながりません。したがって，教師が安全面を観察できる範囲で場やコートを広げ，運動学習場面の中で多くの子どもが学習している状況をつくりだす必要があります。運動学習場面では，教師の４大行動の中でも観察と相互作用行動が鍵になります。教師は，できるだけ多くの子どもにかかわりながら，具体的な相互作用行動を発揮する必要があります。なお，運動学習場面における観察と相互作用行動の詳細なポイントについては，後述していきます。

　④マネジメント場面とは，教師の４大行動の１つでもありますが，子どもが準備，後片づけ，移動，待機しているような，直接学習にかかわらない場面のことです。体育授業では，校庭や体育館で様々な用具を用いながら運動を実施していく特性上，他教科よりも特に意図的・計画的にマネジメント場面を考慮していく必要があります。マネジメント場面は，授業全体の時間のおよそ15％未満に抑える必要があります。つまり，１単位時間が45分だとすると６分45秒未満です。跳び箱運動やハードル走など，多くの用具や場を設定するような単元では，およそ20％未満（９分未満）を目安にするとよいでしょう。「３日目　授業の進め方のポイントを知ろう①」において，マネジメントのポイントを解説していますので，ここではくわしく解説しませんが，重要なポイントは，単元のはじめの約束事の確認と徹底，学習規律の確立です。例えば，跳び箱運動であれば，用具や場の設定場所や方法，班ごとの準備・後片づけの役割，基礎感覚づくりの行い方の確認，学習場面が移り変わるときの移動の方法，集合場所の確認などを単元のはじめに約束事として確認し，指導していくことが必要になります。

# 6日目 授業中の教師の役割について考えよう

## インストラクション場面でのポイント

☐ 本時のねらいに即した一貫性のあるインストラクションについて学ぶ
☐ 掲示物や ICT 機器の効果的な活用方法について理解する
☐ デモンストレーションの効果的な活用方法について理解する

インストラクション（直接的指導）とは，先述したように，教師の子どもに対する説明，演示などの行動のことです。インストラクション場面では，①本時のねらいに即した一貫性のある説明，②掲示物や ICT 機器の活用，③デモンストレーションの活用という 3 つのポイントが重要になります。以下では，それぞれのポイントに即して解説していきます。

## ┃ 本時のねらいに即した一貫性のあるインストラクション

インストラクション場面は，1 単位時間中の導入（はじめ），展開（なか），整理（まとめ）の各段階で出現します。導入（はじめ）の段階では，本時の目標（ねらい）を明確にし，子どもが理解できる言葉で簡潔に説明する必要があります。例えば，64ページのポートボールを基にした易しいゲームの指導案例（8 時間中の 5 時間目）においては，本時の学習課題として，「パスやシュートの工夫を伝え合って，ゲームを楽しもう」が設定されています。導入（はじめ）の段階のインストラクションでは，この学習課題の説明に加えて，指導案における本時の目標の重点として，「友達にパスを出したり，シュートをしたりするときの工夫を伝えることができるようにする。（思考力・判断力・表現力等）」が設定されていますので，この内容を「本時のね

110

らい」として説明する必要があります。例えば，「グループで作戦を立てる中で，自分の考えたことをグループの友達に伝えることができるようにしましょう」というように，子どもにとってわかりやすい表現で説明します。このように本時の目標を明確に設定した上で子どもに簡潔に説明することで，子どもにとっては授業のゴールが明確になるとともに，教師にとっても指導と評価を一体化して授業を進行しやすくなります。教師から子ども全体にねらいを伝える際，子どもの主体的な学びを促すために，発問して子どもからねらいやポイントを引き出すとよいでしょう。発問をする場合には，前時の反省を踏まえることや画像・映像を視聴させながら考えさせることで，課題が焦点化され，発問の答えを導き出しやすくなります。

　授業の展開（なか）の段階では，授業のねらいを再度確認する上で重要になります。例えば，64ページの指導案例における7番目の学習活動である「全体での話し合い・グループでの作戦タイム・グループ練習を行う」の場面では，作戦タイムに入る前に子どもを集合させ，「○○さんがゲームの中で，グループの友達に『ゴール前で左右に分かれて動いて』というアドバイスをしていました。今日のねらいは，パスを出したり，シュートをしたりするときの工夫を伝えることだったね。この後，グループの作戦タイムをしてもらいますが，○○さんをまねして，自分の考えを友達に進んで伝えましょう」といったように，本時のねらいに即した動きや行動ができている子どもをとりあげると効果的です。

　授業の整理（まとめ）の段階では，授業の導入（はじめ）で説明したねらいに即して，本時の振り返りを促していきます。学習カードに本時の振り返りを記述させる場合には，巡視をしながら子どもの記述内容を確認して，本時のねらいに即した具体的な記述ができている子どもをピックアップしておきます。ピックアップする子どもは，可能な限り，毎時間異なる子どもがよいでしょう。学習カードを記述させた後，「みんなの前で発表してくれる人はいますか」と挙手をさせた上で振り返り内容を数名の子どもに発表させます。その際，もし，巡視をした際にピックアップしていた子どもが挙手をし

ていなかった場合には，教師が指名して発言させた上で，肯定的なフィードバックをしてあげます。

　ここまでで述べてきたように，インストラクション場面では，1単位時間の中で本時のねらいに即した一貫性のある説明を行っていく必要があります。

## 掲示物や ICT 機器の活用

　インストラクション場面で掲示物や ICT 機器を有効活用することで，子どもの学び方に関する理解，授業のねらいに関する理解を促進することができます。

　例えば，右は64ページの指導案を実際に展開していく際の掲示物の例です。1単位時間の流れを記載した掲示物を見せながら本時の流れを説明することで，子どもに授業の見通しをもたせることができます。このような工夫は，ユニバーサルデザインの視点でもあり，特別な支援を必要とする子どもへの合理的配慮にも

| 【授業のながれ】 |
| --- |
| 1　あいさつ |
| 2　じゅんびうんどう |
| 3　場のじゅんび |
| 4　よび的な運動 |
| 5　ゲーム1回目 |
| 6　作せんタイム |
| 7　ゲーム2回目 |
| 8　かたづけ |
| 9　学習カード |
| 10　あいさつ |

授業の流れを示した掲示物の例

なります。また，単元を通しての約束事に関する内容も掲示しておくとよいでしょう。例えば，友達同士でのかけ声の約束として，「いいね，ナイス，ドンマイ，ありがとう」の4つの言葉を記載した掲示物を用意します。このような掲示物は，授業の雰囲気をよくし，友達同士誰とでも仲良く運動ができることを促進します。かけ声の内容は，クラス全体で考えて，子どもから引き出すとよいでしょう。

　授業のねらい，技や技能のポイントをカードにして掲示しながらインストラクションを進めることも子どもの学びを促すことにつながります。特に技や技能のポイントの掲示については，子どもが運動学習中に常に確認できるようにすることで，自身の学びだけでなく，具体的なポイントを媒介とした

友達同士の対話的な学びを導く上でも重要になります。ボール運動系では、コート図を掲示し、その図の上でマグネットを使いながら動きの確認やローテーションの行い方を説明することも有効です。また、対戦表やゲームの順番、実施場所を示しておくことで、子どもの主体的な学びを促すことにもつながります。

　また、タブレットや電子黒板などの ICT 機器を用いて、動画や静止画を視聴させながらインストラクションを進めることも効果的です。先にも述べましたが、ICT 機器を用いることで課題が焦点化されますので、教師の発問を通した答えを導き出しやすくなります。ぜひ、ICT 機器や掲示物による視覚化を取り入れて授業を展開してみてください。

ICT 機器を用いたインストラクション場面の例

## デモンストレーションの活用

　デモンストレーションを用いた説明は、授業の中盤に入れるとよいでしょう。子どもの動きを観察して、ポイントをつかんで運動している子どもにデモンストレーションをしてもらいます。その際、子どもは、仲間の動きを漠然と観察しても何を見ればよいかわかりませんので、教師は、「○○さんの手と足のつく位置を見ておいて」などのように、全員の観察する視点を定めておくことが求められます。

　この観察の視点は、授業の導入（はじめ）で説明したポイントと一貫性をもたせておくことが必要です。もし、子どもに伝えるポイントを複数にする場合、子どもが混乱しないように、3つ程度にとどめる必要があります。

# 子どもが運動しているときに何をするか

□運動学習場面における効果的な観察方法について理解する
□勝敗にこだわりすぎる子どもへの対応の仕方について学ぶ
□安全面の確保の仕方について学ぶ

## 運動学習場面における効果的な観察方法

　教師の４大行動の中でも，運動学習場面における積極的かつ効果的な観察に基づく相互作用（声かけ）は，子どもの学習成果を確実に保障する上で重要になります。教師は，本時のねらいに即した子どもの動きや行動を観察する必要があります。この本時のねらいに即して，観察の焦点を絞り込むことによって，指導と評価が真の意味で一体化されます。この点について，52〜53ページの第４学年におけるポートボールの単元計画の中の単元８時間目を想定して解説します。

　単元８時間目における重点評価の内容は，「ボール保持者と自分の間に守る者がいない空間に移動することができる（観察）」が設定されています。「目標に準拠した評価」といわれるように，評価と目標は表裏一体です。したがって，単元８時間目の授業のはじめのインストラクション場面において，教師は，「攻撃のボールを持っていないときに，ボールを持っている人と自分の間に守る人がいない場所へ動こう」という本時のねらいを子どもに説明します。その後，ポートボールのゲームの中で，攻撃しているグループの中のボールを持っていない子どもに着目します。４人対４人のゲームの中で，

攻撃しているグループの中のゴールマンとボールを保持している子どもを除く，2名の子どもに着目します。パスのたびに，ボールを持っていない子ども2名に着目することで，観察の焦点化が図られますので，子どもへの効果的な声かけにつながるとともに，指導と評価の一体化の実現につながります。また，攻撃が他のチームに移ったら，同様に，ボールを持っていない子ども2名を観察します。なお，2コート同時にゲームが実施されている場合には，両方のコートをバランスよく観察することも求められます。

　この52～53ページの単元計画に基づくポートボールのゲームでは，4人対4人のオールコートで実施されますが，攻めのときは，必ず攻めの人数が1人多くなるルールが設定されています。攻めの人数が守りの人数よりも多くなること（数的有利）で，「ボールを持たないときの動き」という技能面の学習成果を保障しやすくなります。ねらいに即した学習活動を意図的に設定することで，教師の観察する機会や時間が増え，目標に準拠した評価や指導と評価の一体化を推進することができます。

## ▍勝敗にこだわりすぎる子どもへの対応

　他方で，特に低・中学年のゲーム領域や高学年のボール運動領域の授業では，勝敗にこだわりすぎて，規則やルールについて文句を言う，失敗した友達に文句を言うという子どもが出てくることがあります。例えば，自身のチームの負けが続き，ゲームの規則やルールに不満を言う子どもが出てきた場合には，クラスみんなが公平にゲームを楽しむことのできる規則やルールの工夫について，クラス全体で考え，解決していくための対話的な学びの場を設定することも必要になります。このような時間は，指導案の学習活動の内容として入っていなかったとしても，臨機応変に対応していく必要があります。勝敗にこだわりすぎて，失敗した友達に文句を言う子どもに直面した場合には，その点は指導しますし，傷つけられた子どものフォローをすることが必要なことは言うまでもありません。しかし，いずれにせよ，勝敗にこだ

わりすぎる子どもの悪い行動面のみをとりあげるのではなく，その子の負け
ず嫌いな側面や意欲についてもチームやクラスで共有していくことも１つの
対応策だといえます。また，先にも示しましたが，友達同士でのかけ声の約
束として，「いいね，ナイス，ドンマイ，ありがとう」などの肯定的な言葉
を記載したカードを掲示して，体育授業の合言葉とする方法も，授業の雰囲
気のよさを保持しながら進行する上で，有効な手立てになります。

## 安全面の確保

　教師は，ねらいに即した観察を行うとともに，安全面についても絶えず注
意しなければなりません。運動学習中の安全面の確保は，場の設定と密接に
関連しています。可能な限り，教師の目の行き届く範囲内で運動学習を実施
させることが重要です。例えば，器械運動領域のマット運動では，下図のよ
うに扇形の場の設定方法が考えられます。扇形にすることで，教師は個別に
子どもとかかわりながらも，全体を観察することが可能になります。その際，
運動学習場面では外側を回ると全体が見えます。なお，このような場の設定
をする場合，あらかじめマットを設置する位置にラインテープなどを貼って
おくとマネジメントの時間を短縮できます。

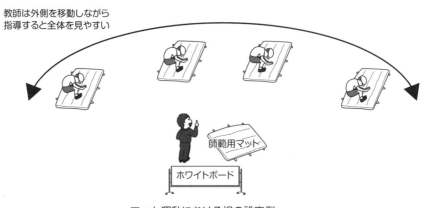

マット運動における場の設定例

他方で，特に，校庭で実施されるゲーム領域やボール運動の授業では，場を広げるとかえって教師による安全面の観察を妨げてしまう可能性もあることを考慮する必要があります。もちろん，学習の密度を高め，個々の子どものゲーム実施時間を確保することは学習成果を上げる上で重要です。しかし，いくらすばらしい授業を展開しても，1人でも大きなけがをさせてしまえば，よい体育授業とはいえません。したがって，全体をバランスよく観察するために，例えば2コートの中央に入り込んでしまうと片側しか見えませんから，2コートの外側から見ると全体が見えます。また，ゲームに参加していない子どもに対しては，課題を焦点化させた上でゲームを観察させる，ICT機器でゲーム場面を撮影させる，得点や審判を行わせるなど，役割を与えておく必要があります。

　特に，器械運動系の授業では，教師による補助も運動学習中の安全面を確保する上で重要になります。それぞれの技に対する補助の仕方については，補助者の立ち位置や手の差し出し方が子どもの技の習得と安心・安全な学習を左右してしまいます。有効な補助の仕方については，各種の文献で確認できますので，事前に確実に確認しておく必要があります。また，教師1人ですべての子どもの補助をすることは不可能ですので，子ども同士でできる補助の仕方について徹底指導をし，子ども同士が対話的な学びの中で安全に学習に取り組めるようにしましょう。

　最後に，安全面の確保については，例えば「ボールを使用しないときは必ずボールかごに戻す」などの準備や片づけの仕方，集合・整列の仕方，チーム練習の仕方など，マネジメントにかかわる約束事を単元のはじめに確実に指導しておく必要があります。したがって，単元のはじめのオリエンテーションはその後の学習を安全で効果的に進めていくために重要になります。単元が進行する中で，安全面の約束事を守れていない子どもにはその都度オリエンテーションで確認した約束事を問いかけながら引き出し，あらためて指導していくことが求められます。運動学習中の安全面の確保については注意してもしすぎることはありません。授業は安全第一で進める必要があります。

## 6日目 授業中の教師の役割について考えよう

# 子どもへの声かけで心がけること

- □声かけ（相互作用）の種類について理解する
- □効果的な声かけのポイントについて学ぶ
- □指導と評価の一体化を実現するための声かけのポイントについて学ぶ

## 声かけ（相互作用）の種類

　いくら周到に体育授業の準備をし，よい教材を用意しても，教師の積極的な観察に基づく声かけ（相互作用）がなければ，子どもの学習成果は上がりません。熟練教師は，体育の授業中，意図的・計画的に複数種類の声かけをしています。

　体育授業における教師の声かけの主な種類として，①発問，②肯定的フィードバック，③矯正的フィードバック，④否定的フィードバック，⑤励まし，の5種類をあげることができます（高橋，2010）。以下では，この5つの主な声かけの種類についてそれぞれ解説していきます。

　①発問とは，学習課題について，子どもに問いかけながら引き出す声かけです。学習指導要領では，課題解決的な学習過程が求められているため，教師は授業でどのような課題を設定し，どのような発問をするのかについて，事前に計画しておく必要があります。なお，発問は，さらに価値的発問，創意的発問，分析的発問，回顧的発問という下位のカテゴリーに分類することができます（高橋・中井，2003）。その中でも分析的発問は「答えは明確であり，分析的思考が求められる発問」として定義されますが，運動学習に対

しては，分析的発問が効果的であると指摘されています（高橋，2010）。例えば，第4学年のゲーム領域のポートボールの授業では，ホワイトボードにコート図を掲示し，そのコート図の上でマグネットを使いながら，「攻撃のときに，ボールを持っていないDさんがゴールマンの左側に行ったとき，もう1人のEくんはどこに動けばよいでしょうか」といったボールを持たないときの動きに関する分析的発問が想定されます。ゴール型（ゲーム）の授業では，ボールを持たないときの動きの学習課題として，ボール保持者やボールを持っていない仲間を見ながら，ゴール前の空いている場所に動くことが必要になります。したがって，先の例に示した分析的発問は，ポートボールに限らず，ゴール型（ゲーム）におけるボールを持たないときの動きの学習課題に対する本質的な発問になります。

　②肯定的フィードバックとは，子どもの学習に対して，肯定的に評価したり，称賛したりするような言語的・非言語的行動です（高橋・中井，2003）。「いいね」「ナイス」「グッド」などの肯定的一般的なフィードバックと，「空いている場所への動き方がとてもよくなったね」などの肯定的具体的なフィードバックがあります。

　③矯正的フィードバックとは，子どもの学習の誤りを正すために与えられる言語的・非言語的行動です（高橋・中井，2003）。「おしい」「もう少し」などの矯正的一般的なフィードバックと，「ゴールの右側の場所が空いているから動いてごらん」などの矯正的具体的なフィードバックがあります。

　④否定的フィードバックとは，子どもの学習に対して与えられる否定的な言語的・非言語的行動です（高橋・中井，2003）。「ダメだ」などの否定的一般的なフィードバックと，「その動き方はよくないな」などの否定的具体的なフィードバックがあります。

　⑤励ましとは，子どもの学習を促進するような言語的・非言語的行動です（高橋・中井，2003）。「がんばれ」「いけいけ」「さあ，どのチームも立てた作戦をゲームに生かしていこう」などが励ましの具体例です。

## 効果的な声かけのポイント

　子どもの学習成果を上げるためには，発問・応答，肯定的・矯正的フィードバック，励ましを数多く行っていく必要があります。逆に，否定的フィードバックの多さは，子どもの学習成果にマイナスに作用します。

　先にも述べましたが，技能的学習では，分析的発問を投げかけ，子どもに思考させ，答えに導いていく方法が有効になります（高橋，2010）。特に，熟練教師は，分析的発問を駆使して授業を展開していくテクニックを有しています。例えば，マット運動の授業において側方倒立回転をとりあげる際，「手→手→足→足の順番で，一直線上を移動しながら回転する」という技術的ポイントを指導することを想定します。

　このポイントを授業の導入（はじめ）の段階で，図や映像等を用いてあらかじめ教えてから学習を進めていく方法もあります。しかし，小学生段階では，ポイントを最初から指導せずに側方倒立回転の映像を視聴させた上で，「まずやってみる」ということが重要になります。その後，課題を解決するための必要感や困り感を醸成させた上で，上手な子どものデモンストレーションを授業の展開（なか）の段階で取り入れます。

　その際，教師は，「〇〇さんの手と足のつく位置を見ておいて」と観察の焦点化を図った上で，「〇〇さんがきれいに回転できているのはどうしてかな」と発問を子どもたちへ投げかけます。このような一連の発問・応答を経て，「手→手→足→足の順番で，一直線上を移動しながら回転する」という技術的ポイントを押さえていき，「さあ，ポイントを踏まえて，もう一度チャレンジしよう」と励ましていく方法があります。

　つまり，まずやってみることを通して，子どもに課題を解決するための必要感を抱かせ，発問・応答の中でポイントを引き出していくという流れが有効です。このためには，授業の導入が極めて重要です。授業の導入で新たな運動に出会わせる際に，子どもの実態からみて難しすぎず，簡単すぎない教

120

材を提供し，課題を解決するための必要感をもたせることが，分析的発問を取り入れる際のポイントになります。

　肯定的・矯正的フィードバックについては，個々の子どもに対して，具体的にフィードバックをすることが重要です。フィードバックの際に，名前を呼んでから具体的に声かけをすることで，子どもは「自分は先生に見てもらえているんだ」という安心感をもって学習に取り組むことができます。

　また，個別の子どもやグループに声かけをする際，観察する位置や体の向きを意識する必要があります。例えば，下図のように，1つのグループや個別に声をかけながらも，遠くのグループにも目を向けて声かけできるような位置と体の向きを心がけます。可能な限り，死角をつくらず，全体が視界に入るようにしておくと，安全面の観察にも有効です。限られた授業時間の中で，すべての子どもの近くに駆け寄り，声かけをすることは困難ですが，図のように近くのグループや個人に声かけをしながら，遠くのグループや個人にも声かけをすることで，1単位時間内に多くの子どもへの声かけが可能になります。

効果的な観察と声かけのための
位置や体の向きの例

　最後に，指導と評価の一体化を実現するためにも，ねらいに即した声かけが必要になることについて解説します。例えば，64ページの指導案では，「友達にパスを出したり，シュートをしたりするときの工夫を伝えることができるようにする」という思考力・判断力・表現力等の目標が設定されています。したがって，この時間では，友達同士の対話的な学びを促す発問，肯定的・矯正的フィードバック，励ましが求められます。なお，本時の授業のねらいに即した積極的な観察と声かけを中心に行うことは，それ以外の指導内容にふれてはいけないということではないので，適宜，子どもの動きや行動に対して，積極的・個別的に働きかけてあげることは必要になります。

# 何を評価するのか

□学習評価の在り方について学ぶ
□観点別学習状況の評価の観点について理解する
□単元の評価規準の設定方法について学ぶ

## 学習評価の在り方

　学習評価では，学習指導要領に示す目標や指導内容に照らして，その実現状況を見取ることが求められます。しかし，体育授業は，学習評価のために行われるのではありません。したがって，授業中，評価に追われて，子どもの学習成果を上げるための指導を怠ることがあってはいけません。学習指導要領の目標を達成するためには，指導と評価を一体化させていくことが必要になります。また，学習評価には，子どもの学習改善，教師の指導改善に生かしていくことが求められていることも忘れてはいけない視点です。

## 観点別学習状況の評価の観点

　平成29年に学習指導要領が改訂され，観点別学習状況の評価の観点も変更されることになりました。以下に新旧の評価の観点を示しています。「関心・意欲・態度」は「主体的に学習に取り組む態度」に，「思考・判断」は「思考・判断・表現」に，「技能」は「知識・技能」にそれぞれ変更されました。なお，「知識」については，平成20年改訂学習指導要領では，「思考・判

断」の中にその指導内容が含まれていましたが，運動領域の単元においては観点別学習状況の評価を実施してきませんでした。しかし，新たな評価の観点では，「知識・技能」があり，「知識」についても指導と評価を確実に実施することが求められています。

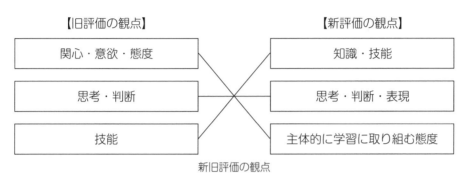

新旧評価の観点

　以下は，資質・能力の３つの柱と新たな評価の観点との関係を示したものです。

資質・能力の３つの柱と評価の観点の関係性

　「知識及び技能」は「知識・技能」で，「思考力・判断力・表現力等」は「思考・判断・表現」で，「学びに向かう力・人間性等」は「主体的に学習に取り組む態度」でそれぞれ観点別に評価を実施します。

## 単元の評価規準の設定方法

「単元の評価規準」とは，学習指導要領の本文や解説に示されている指導内容を参考に，単元全体で評価すべき事項を観点ごとに絞り込み，丸数字などで細分化して示していくものです。

表1は52〜53ページにある第4学年の「E　ゲーム」の単元計画に基づいて作成された「単元の評価規準」です。

以下では，この表に基づきながら観点ごとに単元の評価規準の設定方法について解説していきます。

表1　第4学年　ゲーム：ポートボールを基にした易しいゲームにおける評価規準例

| | 知識・技能 | 思考・判断・表現 | 主体的に学習に取り組む態度 |
|---|---|---|---|
| 単元の評価規準 | ①ゲームの行い方について言ったり書いたりしている<br>②ボールを持ったときにゴールに体を向けることができる<br>③味方にパスを出したり，シュートをしたりすることができる<br>④ボール保持者と自分の間に守る者がいない空間に移動することができる | ①攻めを行いやすくするなどの規則を選んでいる<br>②ボールを持っている人と持っていない人の役割を踏まえた作戦を選んでいる<br>③友達にパスを出したり，シュートをしたりするときの工夫を伝えている | ①ゲームに進んで取り組もうとしている<br>②規則を守り，誰とでも仲良くしようとしている<br>③勝敗を受け入れようとしている<br>④友達の考えを認めようとしている<br>⑤場や用具の安全をたしかめている |

※52〜53ページの単元計画に基づく

「知識・技能」における「知識」については，中学年における「E　ゲーム」領域の学習指導要領の中で「その行い方を知る」と示されています。しかし，知識の詳細な指導内容については，各領域の学習指導要領解説（以下解説）には示されていません。そこで，中学年であれば，解説の中学年の冒頭部分を参考にするとよいでしょう。

解説の68ページには，知識の指導内容について，「その行い方を知るとは，

中学年においても運動の課題，行い方のきまり，場や用具の使い方，場の安全の確保等，各種の運動の行い方を知ることが，各種の運動の基本的な動きや技能の習得や友達との関わり合いなどをしやすくするものであることから，今回，新たに示したものである」と明記されています。

　なお，低学年と高学年のそれぞれの解説の冒頭にも知識の指導内容の詳細が示されています。第４学年「ゲーム：ポートボールを基にした易しいゲーム」の単元における「知識」の評価規準については，上記の解説文を参考にすると，「ゲームの行い方」「用具の使い方」「場の安全の確保」「パスやシュートの仕方」「空いている場所への動き方」など，多様に設定することが可能です。しかし，全８単位時間程度の限られた単元の中では，各観点の内容を確実に指導・評価するために「知識」の評価規準を１つないし，多くても２つ程度に絞り込む必要があります。したがって，表１では，上記の解説文を参考に，「①ゲームの行い方について，言ったり書いたりしている」という知識の評価規準のみを設定しました。なお，知識の評価規準の文末は，「～している」と記述します。

　「知識・技能」における「技能」の評価規準については，それぞれの領域ごとに明記されている技能の指導内容の［例示］を参考に設定していきます。

　下図は解説の例示を参考に評価規準を設定する例を示しています。

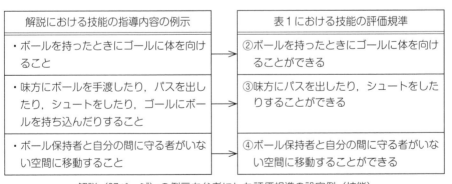

| 解説における技能の指導内容の例示 | 表１における技能の評価規準 |
| --- | --- |
| ・ボールを持ったときにゴールに体を向けること | ②ボールを持ったときにゴールに体を向けることができる |
| ・味方にボールを手渡したり，パスを出したり，シュートをしたり，ゴールにボールを持ち込んだりすること | ③味方にパスを出したり，シュートをしたりすることができる |
| ・ボール保持者と自分の間に守る者がいない空間に移動すること | ④ボール保持者と自分の間に守る者がいない空間に移動することができる |

解説（97ページ）の例示を参考にした評価規準の設定例（技能）

また，「ボールを持ったときにゴールに体を向けること」という例示を参考に，表1においては②の評価規準を設定しています。「味方にボールを手渡したり，パスを出したり，シュートをしたり，ゴールにボールを持ち込んだりすること」という例示を参考に，③の評価規準を設定しています。さらに，「ボール保持者と自分の間に守る者がいない空間に移動すること」という例示を参考に，④の評価規準を設定しています。

　他方で，技能の解説の例示における「味方にボールを手渡したり」や「ゴールにボールを持ち込んだりする」という内容については表1の中には設定していません。

　これらの評価規準については，中学年段階の別のゴール型ゲームである「陣地を取り合うゲーム」（タグラグビーやフラッグフットボールを基にした易しいゲーム）の単元で設定するとよいでしょう。なお，技能の評価規準の文末は，「～できる」と記述します。

　「思考・判断・表現」の評価規準の設定例と，「主体的に学習に取り組む態度」の評価規準の設定例をそれぞれ示しました。

　「思考・判断・表現」「主体的に学習に取り組む態度」ともに，技能と同様に，解説の例示を参考にしながら，目の前の子どもの実態に合わせて文言を変換して評価規準を設定するとよいでしょう。

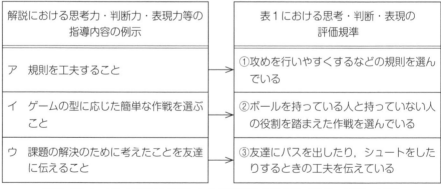

| 解説における思考力・判断力・表現力等の指導内容の例示 | 表1における思考・判断・表現の評価規準 |
|---|---|
| ア　規則を工夫すること | ①攻めを行いやすくするなどの規則を選んでいる |
| イ　ゲームの型に応じた簡単な作戦を選ぶこと | ②ボールを持っている人と持っていない人の役割を踏まえた作戦を選んでいる |
| ウ　課題の解決のために考えたことを友達に伝えること | ③友達にパスを出したり，シュートをしたりするときの工夫を伝えている |

解説（99ページ）の例示を参考にした評価規準の設定例（思考・判断・表現）

| 解説における学びに向かう力・人間性等の<br>指導内容の例示 | 表1における主体的に学習に取り組む態度<br>の評価規準 |
|---|---|
| ア 易しいゴール型ゲーム，ネット型ゲーム，ベースボール型ゲームに進んで取り組むこと | ①ゲームに進んで取り組もうとしている |
| イ ゲームの規則を守り，誰とでも仲よくすること<br>ウ ゲームで使用する用具などの準備や片付けを，友達と一緒にすること | ②規則を守り，誰とでも仲良くしようとしている |
| エ ゲームの勝敗を受け入れること | ③勝敗を受け入れようとしている |
| オ ゲームやそれらの練習の中で互いに動きを見合ったり，話し合ったりして見付けた動きのよさや課題を伝え合う際に，友達の考えを認めること | ④友達の考えを認めようとしている |
| カ ゲームやそれらの練習の際に，使用する用具などを片付けて場の危険物を取り除くなど，周囲を見て場や用具の安全を確かめること | ⑤場や用具の安全をたしかめている |

解説（100ページ）の例示を参考にした評価規準の設定例（主体的に学習に取り組む態度）

　なお，「思考・判断・表現」の文末は，「～している」，「主体的に学習に取り組む態度」の文末は，「～しようとしている」（例外として，健康・安全関連の内容は「～している」とする）と記述します。

　最後に，単元の評価規準は，「学習活動に即した評価規準」と呼ばれることもあることを付言しておきます。

## 評価の仕方を知ろう

### 評価は1時間に2つ以内

□評価計画を立てる上でのポイントを理解する
□指導と評価の一体化を実現するための評価規準の設定方法を学ぶ
□指導と評価の一体化を実現するための評価計画の立て方について学ぶ

## ▌評価計画を立てる上でのポイント

　前節で解説してきた評価規準を設定した後，評価計画を立てる必要があります。以下では，52〜53ページにある第4学年の「Ｅ　ゲーム」の単元計画例，また，その単元計画に基づいて作成された124ページにある表1の評価規準例を基に解説していきます。

　単元の評価規準は，前節でも述べたように，学習指導要領や学習指導要領解説に示されている指導内容を参考に単元全体で評価すべき事項を細分化して示していきます。表1（124ページ）にあるような単元の評価規準を作成した後，細分化した評価規準の丸数字を単元計画の中の各時間に配分していきます。次ページの評価計画例は，52〜53ページにある単元計画例の評価計画の内容を表1（124ページ）で示した評価規準の丸数字で示したものです。なお，図のカッコ内は，評価方法を示しています。

　評価計画を立てる上での重要なポイントは5つあります。

　第一に，1単位時間内に評価する項目（評価規準）は2つ以内に設定する必要があるということです。1単位時間内に3つ以上の評価規準を設定しても，その内容を重点的に評価することは困難であるためです。評価計画で各

時間に設定する評価規準は，「目標に準拠した評価」の視点からいえば，その時間の本時の目標（ねらい）になります。したがって，１単位時間の中で複数の目標（ねらい）を設定することは，目標の達成可能性からみても困難になるということです。

表2　単元計画例（52〜53ページ）と評価規準例（表1：124ページ）に基づいて作成された評価計画例

| 時間 | | 1 | 2 | 3 | 4 | 5 | 6 | 7 | 8 |
|---|---|---|---|---|---|---|---|---|---|
| 学習過程 | | 省略（52〜53ページの表） | | | | | | | |
| 評価計画 | 知識・技能 | | ①<br>(観察・学習カード) | | ②<br>(観察) | | ③<br>(観察) | | ④<br>(観察) |
| | 思考・判断・表現 | | | ①<br>(観察・ICT) | | ③<br>(観察・学習カード) | | ②<br>(観察・学習カード) | |
| | 主体的に学習に取り組む態度 | ⑤<br>(観察) | ①<br>(観察) | | ②<br>(観察・学習カード) | | ④<br>(観察・学習カード) | ③<br>(観察) | |

　第二に，「知識・技能」における「技能」と「主体的に学習に取り組む態度」の評価方法は，観察評価が中心になるということです。技能や態度については，パフォーマンスや行動として目に見える形で表れるため，教師による観察評価が中心になります。他方で，技能面や態度面を学習カードに記述させ，観察評価と学習カードの評価方法を組み合わせることで，評価の信頼性・妥当性を高めるという方法もあります。しかし，「技能」と「主体的に学習に取り組む態度」については，学習カードのみの評価方法に頼ることがないようにすることが必要だといえます。

　第三に，「知識・技能」における「技能」と「主体的に学習に取り組む態度」の評価規準については，極力，同一の時間内に設定することを避けるという点です。この理由は，「技能」と「主体的に学習に取り組む態度」の主たる評価方法が観察評価であるために，同一の1単位時間内に観察評価をする項目を1つに絞り込む必要があるためです。ただし，表2を見ると，単元の4・6時間目は「技能」と「主体的に学習に取り組む態度」が同一の時間

内に設定されています。これは，中学年のゲーム領域における他の単元で同じ評価規準をすでに見取ることができている，あるいは，同じ1単位時間内に2つの観察評価の内容を見取ることができる教師が授業を実施するなどという理由であれば，問題はありません。あくまでもここであげているポイントは原則ですので，学校，教師，子どもの実態や，とりあげる領域や単元などに応じて，独自の評価計画を立てていくことは可能であることを付言しておきます。

　第四に，「知識・技能」における「知識」と「思考・判断・表現」の評価は，学習カードなどに記述させる評価方法が中心になるという点です。認知的な学習の内容は，教師が巡視して個々の子どもに発問・応答しながら評価することも可能です。しかし，現実的には，1単位時間内にすべての子どもを観察しながら「知識」や「思考・判断・表現」の内容を評価していくことは困難だといえます。観察評価が中心となる「技能」と「主体的に学習に取り組む態度」と同様に，「知識」や「思考・判断・表現」においても，観察評価と学習カードの評価方法を組み合わせることで，評価の信頼性・妥当性を高めることが可能になります。

　第五に，同じ評価規準の内容について，可能な限り，単元の中で評価機会を複数回設定するということです。特に，技能については，1回の授業で指導して子どもが習得していくこと，また，1回の授業で教師が見取っていくことが難しくなります。このポイントについても，表2の評価計画例とは異なりますが，原則として捉えておく必要があるといえます。

## 指導と評価の一体化を実現する単元の評価規準と評価計画例

　上記にあげたポイントを踏まえて，表1と表2を修正した評価規準例（表3）と評価計画例（表4）を以下に示します。これは，単元の評価規準の内容を最小限に絞り込む（表3）こと，上記の評価計画を立てる上での5つのポイントを踏まえることに加え，単元の最後の時間に総括的評価の時間を設

定する（表4）ことで，無理なく指導と評価の一体化を実現することにつながる計画になっています。

表3　第4学年　ゲーム：ポートボールを基にした易しいゲームにおける
評価規準例②（表1の修正版）

| | 知識・技能 | 思考・判断・表現 | 主体的に学習に取り組む態度 |
|---|---|---|---|
| 単元の評価規準 | ①ゲームの行い方について言ったり書いたりしている<br>②ボールを持ったときにゴールに体を向けることができる<br>③ボール保持者と自分の間に守る者がいない空間に移動することができる | ①ボールを持っている人と持っていない人の役割を踏まえた作戦を選んでいる<br>②友達にパスを出したり，シュートをしたりするときの工夫を伝えている | ①ゲームに進んで取り組もうとしている<br>②規則を守り，誰とでも仲良くしようとしている |

表4　表2の単元計画例（129ページ）と評価規準例（表3）に
基づいて作成された評価計画例②（表2の修正版）

| | 時間 | 1 | 2 | 3 | 4 | 5 | 6 | 7 | 8 |
|---|---|---|---|---|---|---|---|---|---|
| | 学習過程 | 省略（52〜53ページの表） | | | | | | | |
| 評価計画 | 知識・技能 | ①（観察・学習カード） | ②（観察） | | ②（観察） | ③（観察） | | ③（観察） | 総括的評価 |
| | 思考・判断・表現 | | | | ②（観察・学習カード） | ②（観察・学習カード） | ①（観察・学習カード） | ①（観察・学習カード） | |
| | 主体的に学習に取り組む態度 | ①（観察） | | | ①（観察） | | ②（観察） | | |

## 評価の仕方を知ろう

# 子どもの見取りのアイデア
# （学習カード）

□学習カードの意義について学ぶ
□学習カード例から学習カード作成方法を学ぶ
□次時や次の単元への意欲につながる学習カードの必要性について学ぶ

## 「本時の目標＝本時の評価規準」に即した学習カードの作成

　先にも述べたように，「知識・技能」における「知識」や「思考・判断・表現」の評価は，学習カードなどの記述内容を評価する方法が中心になります。

　したがって，目標に準拠した評価，指導と評価の一体化といった視点からも，学習カードを作成する際には，「本時の目標（ねらい）＝本時で評価する内容（評価規準）」に即した学習カードを作成することが必要になります。

　次の図は低学年のボール投げゲームの単元の学習カード例です。例では，本時の内容，次時への課題を記述する欄を設けています。また，顔のマークに色を塗るようにして，本時の子どものがんばりを自己評価させています。ただし，「次時への課題」の欄において，単に本時の感想を記述させるだけでは不十分です。たとえ低学年であっても，本時の「知識」あるいは「思考・判断・表現」で記述させたい内容に子どもの意識を焦点化させて記述させることが必要です。また，教師からのコメント欄を設けてフィードバックがあると子どもの毎時間の学習意欲を喚起することにもつながります。もし，個々の子どもへのコメントを学習カードに記述する時間がない場合でも，赤

ペンで丸を書く，スタンプを押すなどして返却するだけでも子どもの意欲向上につながります。

◯ふりかえりカード

| ひにち | 今日やったこと | 今日のがんばり | つぎがんばりたいこと |
|---|---|---|---|
| 9/12 | これからやるボールゲームのこと | 😊 😐 ☹ | あう少し，ボールをとおくになげられるようにがんばりたいです。 |
| 9/16 | パワーアップランド | 😊 😐 ☹ | もう少しロケットのじゅんびを早くがんばりたいです。 |
| 9/17 | おしろをこわせ‼ばくだんゲームのやり方のこと | 😊 😐 ☹ | たのしくあそべてよかった。次にあたらないようにできなかった |
| 9/18 | おしろをこわせ‼ばくだんゲーム | 😊 😐 ☹ | 1回目はどうてんだったけど2回目がんばったら82こいれて，はんがかててよかったです。 |
| 9/19 | まと当てゲームのやり方 | 😊 😐 ☹ | 今日はパワーアップランドでロケットをすごくとおくにとばせてよかったですまと当てゲームは少しむずかしかったです。 |

低学年のボール投げゲームにおける学習カード例

　他方で，授業の振り返り場面で，教師からの説明などで課題を焦点化させて学習カードを記述させることが困難な場合には，下のような話型を用いた学習カードを作成することも有効な方策になります。

| 今日のMVPは？　ともだちのまねしたいところをかこう！ |
|---|
| 今日のMVPは＿＿＿＿＿＿＿＿＿＿＿＿＿＿＿さんです！ |
| なぜかというと＿＿＿＿＿＿＿＿＿＿＿＿＿＿＿＿＿＿＿＿＿＿＿＿＿＿＿からです |
| つぎのじゅぎょうで，＿＿＿＿＿＿＿＿＿＿＿＿＿＿＿＿＿＿＿まねしたいなとおもいました |

話型を用いた学習カード例（低学年）

中・高学年になると，より一層，課題に焦点化させた記述を促す学習カードの作成が必要になります。次ページは，高学年のボール運動のゴール型単元における学習カード例です。ここでは，1単位時間ごとに異なる課題を提示して，授業の振り返り場面で学習カードを記述させるようにしています。ここでの課題とは，本節の冒頭にも示したように，「本時の目標（ねらい）＝本時で評価する内容（評価規準）」に即したものになっています。つまり，前節で解説した評価計画を立てる段階で，1単位時間ごとに指導・評価する内容を踏まえて，学習カードも作成しておく必要があります。

　なお，学習カードに記述させる欄は，多すぎても少なすぎても問題です。学習カードに記述させる欄が多すぎれば，認知学習場面に多くの時間を割かなければなりません。先にも述べたように，学習カードの記述や話し合いなどといった認知学習場面は，授業全体の10%台程度に収める必要があります。逆に，学習カードに記述させる欄が少なすぎると，子どもから引き出したい内容を十分に記述させることができなくなり，「知識」や「思考・判断・表現」などの評価の材料に用いることができなくなることもあります。したがって，学習カードに記述させる欄は，少なくとも，2つのセンテンスが記入できる程度の欄を設定しておくとよいでしょう。

　他方で，学習カード作成の際には，次時や次の単元への意欲につなげるねらいも意識する必要があります。その意味では，先にも述べた教師のコメント欄を設けて毎時間フィードバックを記入する方法は有効です。また，例えば，中学年のゴール型ゲーム：ポートボールの単元では，毎時間実施するチームでの2分間シュートドリルを「スキルアップタイム」などと設定して，その記録を保持していけるようなチームカードを作成する方法もあります。毎時間の記録の伸びを見える化し，実感させていくことで，次時への意欲・運動有能感の向上につなげることができます（須甲，2018）。さらに，単元の終了時には，「勝った・負けた」「できた・できなかった」のみの振り返りにとどまるのではなく，次の同じ領域の単元に向けての課題を学習カードに記述させていき，クラス全体で共有していくことも必要になります。

| 時間 | 課題 | 先生の<br>コメント |
|---|---|---|
| 1 | 〈チームの中の自分の役割について書きましょう〉 | |
| 2 | 〈チームの中の自分の役割をはたすためにやるべきことを具体的に書きましょう〉 | |
| 3 | 〈ゲームの中の自分のボールを持たないときの動きの自己評価を書きましょう〉 | |
| 4 | 〈チームの課題について具体的に書きましょう〉 | |
| 5 | 〈ボールを持たないときの動きで工夫した点について書きましょう〉 | |
| 6 | 〈チームで立てた作戦について具体的に書きましょう〉 | |
| 7 | 〈チームの課題の解決に向けて，自分ができることを具体的に書きましょう〉 | |
| 8 | 〈チームで立てた作戦の中での自分の役割について具体的に書きましょう〉 | |

高学年ボール運動ゴール型の学習カード例

# 評価の仕方を知ろう

**日目**

## 授業の振り返りが大切

□授業の振り返り場面でのポイントについて理解する
□タテとヨコを見通した単元の振り返りについて学ぶ
□教師が授業を省察する視点について学ぶ

## 授業の振り返り場面でのポイント

インストラクション場面でのポイントでも解説したように，授業の振り返りは，教師にとっても子どもにとっても，重要になります。

本時のねらいに即して，学習カードを記述させるとともに，記述させた内容を教師・子ども間の発問―応答を通してクラス内で共有し，次時への課題意識につなげることが必要になります。

授業のねらいに即した振り返りを確実に実施することではじめて，指導と評価が真の意味で一体化されることになります。

このような授業の振り返りを確実に実施するためには，学習カードの記述，全体の共有を含めた時間を最低でも5分は確保した方がよいでしょう。

片づけや整理運動も含めれば，授業の整理（まとめ）段階は，7〜8分は確保する必要があります。

その意味では，授業開始から37〜38分までに確実に運動学習場面を50％以上確保できるような計画を立てておく必要があるといえます。

## タテとヨコを見通した単元の振り返りについて

例えば，第4学年のゴール型ゲーム：ポートボールの単元では，第3学年でのゴール型ゲームの学び，低学年でのボール投げゲームでの学び，また，高学年以降でのゴール型での学びといったタテの系統性を踏まえた振り返りが必要になります。

同時に，同じ学年段階の他のゴール型ゲーム（例えば，ラインサッカーやフラッグフットボール）での学び，ネット型ゲーム，ベースボール型ゲームでの学びといったヨコの関係性をも見通した振り返りも必要です。

その際，教師は，資質・能力の3つの柱を意識しながら，この単元で子どもに何を保障することができ，何を次の単元で保障すべきかという点を振り返っていく必要があります。

このタテとヨコを見通した振り返りは，次の単元での指導内容や評価規準の設定（絞り込み），指導と評価計画にも確実につながっていきます。

## 授業を省察する視点

2015年に公表された「これからの学校教育を担う教員の資質能力の向上について～学び合い，高め合う教員育成コミュニティの構築に向けて～（答申）」では，「教えの専門家」としての側面に加えて「学びの専門家」としての側面も備えている教師，すなわち「学び続ける教師像」の確立が求められています。

授業の振り返りを省察とも呼びますが，教師は，不断に授業について省察し，授業改善及び授業力量の形成に努めていく必要があります。体育授業の省察の視点を次ページに示しました。「教師の言葉かけ」「教材・教具」「授業の雰囲気」「授業の勢い」「効果的学習」といった視点から省察することで，より一層の体育授業改善及び授業力量の形成につながっていきます。

**【体育授業を省察する視点】**（高橋・日野，2003を参考に筆者が作成）

**●教師の言葉かけ**

①積極的な称賛や励ましができているか

②心をこめたかかわりができているか

③適切な助言ができているか　　　　　　　　　　　　　　　　　など


**●教材・教具**

①学習成果を生み出すような教材・教具が提供されているか

②学習資料（学習ノート，学習カード）が有効に活用されているか

③楽しく学習できるような教材・教具が提供されているか　　　　など


**●授業の雰囲気**

①意欲的学習が促進されているか

②情意的学習（笑顔，拍手，歓声）が促進されているか

③自発的学習が促進されているか　　　　　　　　　　　　　　　など


**●授業の勢い**

①授業場面がスムーズに展開されているか

②マネジメント時間（移動，待機など）は少ないか

③授業の約束事が確立されているか　　　　　　　　　　　　　　など


**●効果的学習**

①明確な学習目標・内容が設定されているか

②子ども同士の適切で積極的な教え合いが促進されているか

③子どもは確実に学習成果を上げているか　　　　　　　　　　　など

# おわりに

　文部科学省で教科調査官をしていたときから，最大の悩みは，どのように
して学習指導要領に基づいた授業の実現を全国で展開できるかということで
した。各地域に存在する，いわゆる体育研究部といった組織に所属している
先生方は，学習指導要領の正しい理解とそれに基づいた授業づくりに向けて
熱心に勉強されていますが，教科書が存在しない体育（運動領域）について
は，そこに所属していない先生用に何かしら別の手立てが必要だと考えてい
ました。そのため，学習指導要領を解説した「まるわかりハンドブック」や
「デジタル教材」の作成などを行いました。

　大学勤務になってからは，「体育の指導をこれから学びたい先生」のため
の研究を進めてきました。共感してくれる教育委員会やスポーツ庁の事業の
後押しもあり，いわゆる体育研究部以外の先生に的を絞った研修を重ねてき
ました。体育特有かもしれませんが，なかなか女性の受講者が多くならない
ことから，女性限定の研修会を実施している県もあります。中でも，継続し
ている徳島県での体育研修では，継続して参加している女性教師の指導力向
上を実感しています。スポーツ庁の事業での研究（大友智氏：立命館大学，
細越淳二氏：国士舘大学，原佑一氏：岡山大学との共同研究）により，実技
研修，講演などの座学研修だけでは，実際の授業への活用は難しいことがわ
かっており，授業に結びつく研修の在り方を模索してきました。その成果が
徳島県の研修を通じて見えてきました。参加している女性の先生方は，正し
い知識を身につけ，授業イメージが指導案づくりの質の高まりに明確に表れ
ています。教師は「子どもの学びの高まりを認識して，自己の指導力の高ま
りを実感する」のです。同様に研修に参加した先生方の高まりから私も継続
してきた喜びを感じました。指導力の向上には，正しい知識とそれを実践す
るための具体的な手法をもつことが必要であり，それが教師の自信につなが
ります。そして，それはどの教師にも可能です。このことは，体育の授業に
おける子どもに置き換えても同様にいえるでしょう。　　　　白旗　和也

# 参考文献

・宇土正彦・高島稔・永島惇正・高橋健夫編著『体育科教育法講義』大修館書店，2000

・白旗和也著『小学校　これだけは知っておきたい新「体育授業」の基本』東洋館出版社，2019

・白旗和也「小学校教員の体育科学習指導と行政作成資料の活用に関する研究」『スポーツ教育学研究』2013年32巻2号，59-72ページ

・白旗和也・近藤智靖・細越淳二「平成27年度文部科学省委託事業『体育活動における課題対策推進事業』　児童生徒への指導資料（書籍以外に自作の学習カード等も含む）を活用した効果的，体系的な指導の在り方」2015

・白旗和也・大友智・細越淳二・原佑一「平成28年度スポーツ庁企画事業　事業名：子供の体力向上課題対策プロジェクト（テーマ①　体力低下種目等の課題対策プログラムの開発等）　体育の授業を苦手としている小学校教員向け研修プログラムの作成及び実践研究」2017

・須甲理生「初等体育科教育の実践⑤―ボール運動系（ゴール型）」吉田武男監修／岡出美則編著『初等体育科教育』ミネルヴァ書房，2018，126-138ページ

・高橋健夫・林恒明・鈴木和弘・日野克博・深見英一郎・平野隆治「体育授業中の教師の相互作用行動が授業評価に及ぼす影響―相互作用行動に対する介入実験授業の分析を通して―」『スポーツ教育学研究』1997年17巻2号，73-83ページ

・高橋健夫・日野克博「観察者が体育授業を主観的に評価する」高橋健夫編著『体育授業を観察評価する　授業改善のためのオーセンティック・アセスメント』明和出版，2003，31-34ページ

・高橋健夫・中井隆司「教師の相互作用行動を観察する」高橋健夫編著『体育授業を観察評価する　授業改善のためのオーセンティック・アセスメント』明和出版，2003，49-52ページ
・高橋健夫・岡出美則・友添秀則・岩田靖編著『新版　体育科教育学入門』大修館書店，2010，48-53ページ
・友添秀則「学校カリキュラムにおける体育領域の位置と役割─これからの体育を考えるために─」『体育科教育学研究』2014年30巻 2 号，65-72ページ
・文部科学省「これからの学校教育を担う教員の資質能力の向上について〜学び合い，高め合う教員育成コミュニティの構築に向けて〜（答申）」2015
http://www.mext.go.jp/component/b_menu/shingi/toushin/__icsFiles/afieldfile/2016/01/13/1365896_01.pdf
・文部科学省「幼稚園，小学校，中学校，高等学校及び特別支援学校の学習指導要領等の改善及び必要な方策等について（答申）」2016
・文部科学省「小学校学習指導要領解説　体育編」2017
・Ashton,P.T.（1985）Motivation and the teacher sense of efficacy. In C.Ames & R.Ames（Eds.）, Research on Motivation in Education, Vol.2. Academic Press, pp.141-171.

**【執筆者紹介】**（執筆順・執筆箇所）

白旗　和也　日本体育大学体育学部教授（1章）

三田部　勇　筑波大学体育系准教授（2章1〜2日目）

鈴木　聡　東京学芸大学教育学部教授（2章3〜5日目）

須甲　理生　日本女子体育大学体育学部准教授（2章6〜7日目）

【編著者紹介】

白旗　和也（しらはた　かずや）

日本体育大学教授。
1963年生まれ。文部科学省スポーツ・青少年局体育参事官付教科調査官，国立教育政策研究所教育課程研究センター教育課程調査官を経て，2013年4月より現職。現在は，日本体育大学スポーツプロモーション・オフィス：オフィスディレクター，JICA（青年海外協力隊）技術顧問（体育・スポーツ部門），日本フラッグフットボール協会理事，世田谷区体力向上・健康推進委員長，川崎市スポーツ推進委員なども務める。

7日間で授業のつくり方をマスター！
体育指導超入門

| 2020年7月初版第1刷刊 | ©編著者 | 白　　旗　　和　　也 |
| 2021年11月初版第2刷刊 | 発行者 | 藤　　原　　光　　政 |
| | 発行所 | 明治図書出版株式会社 |

http://www.meijitosho.co.jp
（企画）茅野　現　（校正）嵯峨裕子
〒114-0023　東京都北区滝野川7-46-1
振替00160-5-151318　電話03(5907)6702
ご注文窓口　電話03(5907)6668

＊検印省略　　　　組版所　中　央　美　版

本書の無断コピーは，著作権・出版権にふれます。ご注意ください。

Printed in Japan　　　　ISBN978-4-18-389011-5
もれなくクーポンがもらえる！読者アンケートはこちらから
→